GOURMET KONSTEN I WELLINGTON OCH EN CROÛTE

Den ultimata kokboken för 100 eleganta inkapslade rätter

Lisbeth Bergman

Copyright Material ©2023

Alla rättigheter förbehållna

Ingen del av denna bok får användas eller överföras i någon form eller på något sätt utan korrekt skriftligt medgivande från utgivaren och upphovsrättsinnehavaren, förutom korta citat som används i en recension . Den här boken bör inte betraktas som en ersättning för medicinsk, juridisk eller annan professionell rådgivning.

INNEHÅLLSFÖRTECKNING

INNEHÅLLSFÖRTECKNING _ 3
INTRODUKTION 6
WELLINGTON 7
   1. Klassisk Beef Wellington 8
   2. Lax Wellington 10
   3. Nötkött och svamp Wellington 12
   4. Spam Wellington 14
   5. Mini Beef Wellington 16
   6. Köttfärslimpa Wellington 18
   7. Kyckling Wellington 20
   8. Duck Wellington 22
   9. Lamb Wellington 24
   10. Skaldjur Wellington 26
   11. Curried marulk Wellington 28
   12. Viltkött Wellington 30
   13. Beef Wellington med spenat och kastanjsvampar 32
   14. Palsternacka och Porcini Wellington 34
   15. Vegansk svamp Wellington 36
   16. Vegansk misosvamp, squash och kastanj Wellington ... 38
   17. Blomkål Wellington 40
   18. Lamm Wellingtons med Quinoa och örtfyllning 42
   19. Individuella Beef Wellingtons 44
   20. Mini Beef och prosciutto Wellington 46
   21. Nötfärs Wellington 48
   22. Beef Wellington med kreolsk svampblandning 50
   23. Sous Vide Beef Wellington 52
   24. Beef Wellington Pot Pie 55
   25. Beef Wellington Bites 58
   26. Poor Man's Beef Wellington 60
   27. Köttbulle Wellington 62
   28. Air Fryer Ground Beef Wellington 65
   29. Braxen Wellington med blomkål, gurka och rädisa 67
   30. Texas Style Beef Wellington 69
   31. Grönsaker Wellington 71
   32. Jackalope Wellington 73
   33. Italienskt nötkött Wellington 75
   34. Veggie linser Wellington 77
   35. Portobello, Pecan och Chestnut Wellington 80
   36. Fläsk Wellington 83
   37. Grillad biff Wellington 86
   38. Fig och Sage Turkiet Wellington 89
   39. Blue Cheese and Beef Wellington 92

40. Fläskfilé med bakad smördeg 95

EN CROÛTE 97

41. Belgisk lax i smördeg 98
42. Seitan En Croute 100
43. Kyckling och svamp En Croûte 102
44. Grönsak En Croûte 104
45. Beef and Blue Cheese En Croûte 106
46. Spenat och Feta En Croûte 108
47. Ratatouille En Croûte 110
48. Räkor och sparris En Croûte 112
49. Apple och Brie En Croûte 114
50. Brie En Croûte 116
51. Rustik Pâté en Croûte 118
52. Filet de Boeuf en Croûte 121
53. Duck Pâté en Croûte 124
54. Kyckling sv Croûte med Salami, Swiss & Blue Cheese 127
55. Air Fryer Lax en Croûte 130
56. Nepalesisk regnbåge en Croûte 132
57. Granatäpple Brie en Croûte 135
58. Hälleflundra en Croûte med dragon citronkräm 137
59. Havsöring Coulibiac en Croûte 140
60. Mango Chicken En Croûte 143
61. Caprese En Croûte 145
62. Pesto Räkor En Croûte 147
63. Butternut Squash och Sage En Croûte 149
64. Fikon- och getost En Croûte 151
65. Svamp- och tryffelolja En Croûte 153
66. Sötpotatis och fetaost En Croûte 155
67. Prosciutto-lindad Sparris En Croûte 157

STRUDELS 159

68. Bräserad fläskstrudel med grön äppelmos 160
69. Kyckling och Andouille Strudels 162
70. Languster Strudel med två såser 164
71. Rejäl laxstrudel med dill 167
72. Lamm och torkad tomatstrudel 169
73. Marockansk grönsaksstrudel 172
74. Rökt lax & Brie Strudel 175
75. Rökt öring och grillad äppelstrudel 178
76. Vild svamp Strudel 180
77. Lever Strudel 183
78. Köttstrudel 185
79. Aubergine-Tomat Strudel 188
80. Zucchini Strudel med köttfärs 191

WELLINGTON

1.Klassisk Beef Wellington

INGREDIENSER:
- 2 lb oxfilé
- 2 msk olivolja
- Salta och peppra efter smak
- 1 kg svamp, finhackad
- 4 msk dijonsenap
- 8 skivor prosciutto
- Smördegsark

INSTRUKTIONER:
a) Värm ugnen till 425°F (220°C).
b) Gnid in köttet med olivolja, salt och peppar.
c) Bryn köttet i en het panna tills det får färg på alla sidor.
d) Blanda svamp i en kastrull tills fukten avdunstar.
e) Pensla nötkött med senap, täck med prosciutto, sedan svampblandningen.
f) Kavla ut smördegen och slå in nötköttet, täta kanterna.
g) Grädda i 25-30 minuter eller tills de är gyllenbruna.

2.Lax Wellington

INGREDIENSER:
- 1 ark smördeg
- 1 lb (450 g) laxfilé, skinnet borttaget
- 1/2 kopp (120 g) färskost, uppmjukad
- 1/4 kopp (60 ml) hackad färsk dill
- 2 msk (30 ml) dijonsenap
- 1 msk (15 ml) citronsaft
- Salt och peppar
- 1 ägg, uppvispat
- Mjöl, för att pudra

INSTRUKTIONER:
a) Värm ugnen till 400°F (200°C).
b) Kavla ut smördegen på lätt mjölat underlag till en rektangelform.
c) Blanda färskost, hackad dill, dijonsenap, citronsaft, salt och peppar i en skål.
d) Fördela färskostblandningen jämnt över smördegen, lämna en 1-tums (2,5 cm) kant.
e) Lägg laxfilén ovanpå färskostblandningen och vik över degen så att den omsluter laxen helt och försluter kanterna.
f) Pensla det uppvispade ägget över degen och använd en vass kniv för att skära toppen i ett diagonalt mönster.
g) Grädda i 25-30 minuter eller tills degen är gyllenbrun och laxen genomstekt.
h) Låt den svalna i 5-10 minuter innan den skivas och serveras. Njut av!

3.Nötkött och svamp Wellington

INGREDIENSER:
- 2 ark smördeg
- 4 oxfilébiffar
- 1/4 kopp dijonsenap
- 1/4 kopp hackad svamp
- 1/4 kopp hackad lök
- 2 vitlöksklyftor, hackade
- 2 msk smör
- Salt och peppar

INSTRUKTIONER:
a) Värm ugnen till 400°F (200°C).
b) Krydda oxfilébiffarna med salt och peppar.
c) Smält smöret i en stekpanna och fräs svamp, lök och vitlök tills de är mjuka.
d) Kavla ut smördegen på en lätt mjölad yta och bred ut dijonsenap på den.
e) Lägg oxfilébiffarna ovanpå senapen, och ös upp svampblandningen över biffarna.
f) Linda degen runt köttet och pensla det med äggtvätt.
g) Grädda i 25-30 minuter eller tills degen är gyllenbrun.

4.Spam Wellington

INGREDIENSER:
- 1 (12-ounce) burk skräppost, hel (ej tärnad)
- 1 paket smördegsark
- 1 ägg, lätt uppvispat (för äggtvätt)
- 2 msk dijonsenap
- 1 matsked honung
- Salta och peppra efter smak
- Valfritt: 2 msk smör för att tråckla

INSTRUKTIONER:
a) Värm ugnen till 375°F (190°C). Klä en plåt med bakplåtspapper.
b) I en liten skål, vispa ihop dijonsenap, honung, salt och peppar för att göra senapsglasyren.
c) Kavla ut smördegsarket på mjölat underlag.
d) Lägg hela skrägposten i mitten av smördegsarket.
e) Borsta toppen och sidorna av Spam med senapsglasyr.
f) Vik smördegen över Spam för att helt omsluta den. Tryck på kanterna för att täta.
g) Lägg den inslagna skräpposten på den förberedda bakplåten, med sömmen nedåt.
h) Pensla toppen av degen med det uppvispade ägget för en gyllene finish.
i) Eventuellt tröja bakverket med smält smör för att förstärka smaken och konsistensen.
j) Grädda Spam Wellington i den förvärmda ugnen i cirka 25-30 minuter, eller tills degen är puffad och gyllene.
k) Ta ut Wellington från ugnen och låt den svalna något innan den skärs upp.
l) Servera denna eleganta och läckra Spam Wellington som en unik och imponerande rätt!

5. Mini Beef Wellington

INGREDIENSER:
- 1 pund oxfilé, skuren i små medaljonger
- Salta och peppra, efter smak
- 2 matskedar olivolja
- 1 msk dijonsenap
- 1 paket (17,3 uns) smördeg, tinat
- 1 ägg, vispat (för äggtvätt)
- Valfritt: Svampduxelles (svampblandning) för extra smak

INSTRUKTIONER:
a) Värm ugnen till 400°F (200°C).
b) Krydda oxmedaljongerna med salt och peppar på alla sidor.
c) Värm olivoljan på medelhög värme i en het stekpanna.
d) Bryn biffmedaljongerna i ca 1-2 minuter på varje sida tills de fått färg. Ta av från värmen och ställ åt sidan.
e) Kavla ut smördegen på en lätt mjölad yta till ca 1/4 tums tjocklek.
f) Skär smördegen i fyrkanter eller rektanglar, stora nog att omsluta nötmedaljongerna.
g) Valfritt: Bred ut ett tunt lager dijonsenap eller svampduxelles på varje smördegsbit för extra smak.
h) Lägg en stekt nötköttsmedaljong i mitten av varje smördegsbit.
i) Vik kanterna på smördegen över nötköttet, förslut det helt.
j) Lägg de inslagna nötköttsnäckorna på en plåt klädd med bakplåtspapper, med sömssidan nedåt.
k) Pensla topparna på Wellingtons med det uppvispade ägget för en gyllene finish.
l) Grädda i den förvärmda ugnen i cirka 15-20 minuter, eller tills smördegen är gyllenbrun och nötköttet når önskad nivå av tillagning.
m) Ta ut ur ugnen och låt Mini Beef Wellingtons vila några minuter innan servering.
n) Servera som en härlig aptitretare och njut av det möra nötköttet och flingiga smördegen.

6. Köttfärslimpa Wellington

INGREDIENSER:
- 1 burk (10,75-ounce) kondenserad grädde svampsoppa
- 2 pund nötfärs
- ½ kopp torrt ströbröd, fint
- 1 ägg, lätt uppvispat
- ⅓ kopp lök, finhackad
- 1 tsk salt
- ⅓ kopp vatten
- 8-ounce paket med kylda halvmånemiddagsrullar

INSTRUKTIONER:
a) Värm ugnen till 375 grader F.
b) Blanda noggrant ½ kopp soppa, nötkött, ströbröd, ägg, lök och salt.
c) Forma stadigt till en 4 x 8-tums limpa; lägg i en grund ugnsform.
d) Grädda i 1 timme. Blanda den återstående soppan, vattnet och 2 till 3 matskedar av dropparna i en kastrull. Värme; rör om då och då servera med limpa.
e) Efter att limpan är förberedd, sked bort fettet.
f) Separera halvmånemiddagsrullarna och lägg dem på tvären över köttlimpans övre och nedre sidor, överlappande något.
g) Grädda i 15 minuter till.

7.Kyckling Wellington

INGREDIENSER:
- 4 benfria, skinnfria kycklingbröst
- Salta och peppra efter smak
- 2 msk olivolja
- 1 dl spenat, hackad
- 1/2 dl fetaost, smulad
- Smördegsark

INSTRUKTIONER:
a) Värm ugnen till 400°F (200°C).
b) Krydda kycklingen med salt och peppar.
c) Fräs kycklingen i olivolja tills den fått färg.
d) Blanda spenat och fetaost, lägg på kyckling.
e) Kavla ut smördeg, varva kyckling, försegla kanter.
f) Grädda i 25-30 minuter tills degen är gyllene.

8.Duck Wellington

INGREDIENSER:
- 2 ankbröst
- Salta och peppra efter smak
- 2 msk olivolja
- 1 dl svamp, finhackad
- 2 msk konjak
- Foie gras (valfritt)
- Smördegsark

INSTRUKTIONER:
a) Värm ugnen till 400°F (200°C).
b) Krydda ankbröst med salt och peppar.
c) Bryn ankan i olivolja tills skalet är knaprigt.
d) Fräs svamp, tillsätt konjak, koka tills vätskan avdunstar.
e) Lägg foie gras (om du använder) på ankan, toppa med svampblandning.
f) Kavla ut smördeg, linda anka, försegla kanter.
g) Grädda i 25-30 minuter tills degen är gyllene.

9. Lamb Wellington

INGREDIENSER:
- 2 lb lammrygg
- Salta och peppra efter smak
- 2 msk olivolja
- 1 kopp mintgelé
- 1 kopp ströbröd
- Smördegsark

INSTRUKTIONER:
a) Värm ugnen till 400°F (200°C).
b) Krydda lammet med salt och peppar.
c) Bryn lamm i olivolja tills det får färg.
d) Pensla lamm med mintgelé, täck med ströbröd.
e) Kavla ut smördeg, linda lamm, täta kanter.
f) Grädda i 25-30 minuter tills degen är gyllene.

10. Skaldjur Wellington

INGREDIENSER:
- 4 vita fiskfiléer
- Salta och peppra efter smak
- 2 msk olivolja
- 1 kopp skaldjursblandning (räkor, pilgrimsmusslor, etc.)
- 1/2 kopp färskost
- Smördegsark

INSTRUKTIONER:
a) Värm ugnen till 400°F (200°C).
b) Krydda fisken med salt och peppar.
c) Fräs skaldjursblandningen tills den är klar, blanda med färskost.
d) Kavla ut smördeg, lägg fisk, bred ut skaldjursblandning.
e) Linda degen runt fisken, försegla kanterna.
f) Grädda i 20-25 minuter tills degen är gyllene.
g) Njut av dessa ytterligare Wellington-recept!

11. Curried marulk Wellington

INGREDIENSER:
- 4 marulkfiléer
- Salta och peppra efter smak
- 2 msk olivolja
- 2 msk currypulver
- 1 lök, finhackad
- 2 vitlöksklyftor, hackade
- 1 dl kokosmjölk
- 1 dl spenat, hackad
- Smördegsark

INSTRUKTIONER:
a) Värm ugnen till 400°F (200°C).
b) Krydda marulkfiléer med salt, peppar och currypulver.
c) Bryn marulken i olivolja tills den fått färg på alla sidor.
d) Fräs lök och vitlök i samma panna tills det mjuknat.
e) Tillsätt kokosmjölk i pannan och låt koka upp. Låt blandningen tjockna något.
f) Tillsätt hackad spenat till curryblandningen, rör om tills den vissnat.
g) Kavla ut smördeg och lägg en del av spenat-curryblandningen på varje filé.
h) Linda smördegen runt marulken, täta kanterna.
i) Lägg den inlindade marulken på en plåt och grädda i 20-25 minuter eller tills degen är gyllenbrun.
j) Servera din Curried Marulk Wellington med ris eller dina favorittillbehör. Njut av!

12.Viltkött Wellington

INGREDIENSER:
- 4 viltfiléer
- Salta och peppra efter smak
- 2 msk olivolja
- 1/2 kopp rött vin
- 1 lök, finhackad
- 2 vitlöksklyftor, hackade
- 8 oz svamp, finhackad
- 1 msk färsk timjan, hackad
- Dijon senap
- Smördegsark
- 1 ägg (för äggtvätt)

INSTRUKTIONER:
a) Värm ugnen till 400°F (200°C).
b) Krydda viltfiléerna med salt och peppar.
c) Bryn filéerna i en het panna i olivolja tills de fått färg på alla sidor.
d) Avglasa pannan med rött vin, skrapa upp eventuella brynta bitar. Avsätta.
e) Fräs lök och vitlök i samma panna tills det mjuknat.
f) Tillsätt svamp och timjan, koka tills svampen släpper sin fukt och blir gyllenbrun.
g) Bred dijonsenap på de stekta viltfiléerna.
h) Lägg en del av svampblandningen ovanpå varje filé.
i) Kavla ut smördeg och linda varje filé, täta kanterna.
j) Lägg de inslagna filéerna på en bakplåt.
k) Pensla smördegen med en äggtvätt för en gyllene finish.
l) Grädda i 20-25 minuter eller tills degen är gyllenbrun.
m) Servera din Venison Wellington med en rödvinsreduktion eller din favoritsås. Njut av denna eleganta och smakrika rätt!

13. Beef Wellington med spenat och kastanjsvampar

INGREDIENSER:

- 1,5 kg oxfilé
- Salt och svartpeppar efter smak
- 2 msk olivolja
- 1 lb kastanjesvamp, finhackad
- 2 vitlöksklyftor, hackade
- 2 dl färsk spenat, hackad
- 2 msk dijonsenap
- 8 skivor prosciutto
- Smördegsark
- 1 ägg (för äggtvätt)

INSTRUKTIONER:

a) Värm ugnen till 425°F (220°C).
b) Krydda oxfilén med salt och svartpeppar.
c) Hetta upp olivolja i en panna och stek köttet tills det får färg på alla sidor. Avsätta.
d) Fräs svamp och vitlök i samma panna tills svampen släpper sin fukt och blir gyllene.
e) Tillsätt hackad spenat till svampblandningen och koka tills den vissnat. Låt blandningen svalna.
f) Bred dijonsenap över den stekta oxfilén.
g) Lägg ut prosciuttoskivor på ett ark plastfolie, något överlappande.
h) Fördela svamp- och spenatblandningen över prosciutton.
i) Lägg nötköttet ovanpå och rulla prosciutto- och svampblandningen runt nötköttet, forma en stock.
j) Kavla ut smördegen och linda oxstocken, täta kanterna.
k) Pensla degen med äggtvätt för en gyllene finish.
l) Lägg det inslagna nötköttet på en plåt och grädda i 25-30 minuter eller tills degen är gyllenbrun.
m) Låt Beef Wellington vila i några minuter innan du skär upp den. Servera med din favoritsås och njut!

14.Palsternacka och Porcini Wellington

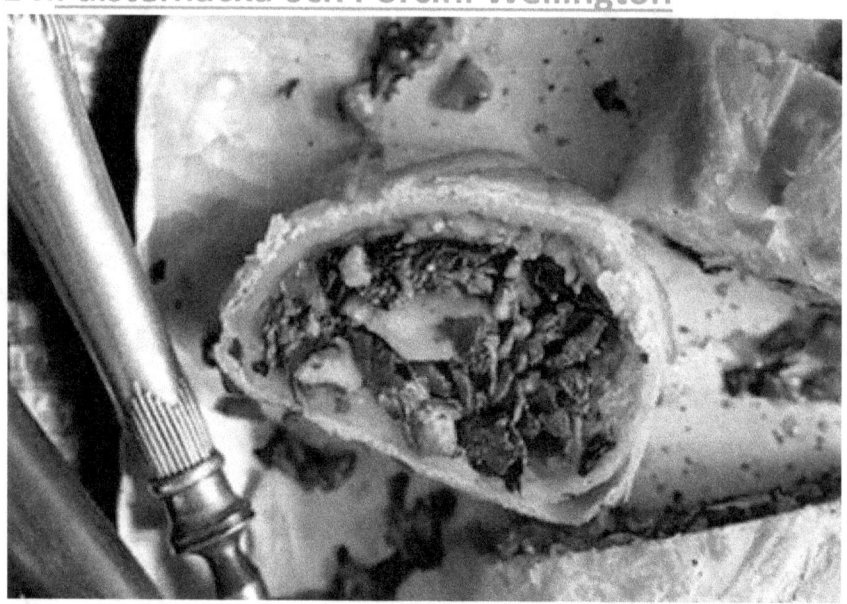

INGREDIENSER:
- 2 dl torkad porcini-svamp
- 1 dl kokande vatten
- 2 msk olivolja
- 1 lök, finhackad
- 3 vitlöksklyftor, hackade
- 4 palsternacka, skalade och rivna
- 1 kopp ströbröd
- 1/2 kopp färsk persilja, hackad
- Salt och svartpeppar efter smak
- Smördegsark
- 1 ägg (för äggtvätt)

INSTRUKTIONER:
a) Värm ugnen till 400°F (200°C).
b) Lägg torkad porcini-svamp i en skål och täck med kokande vatten. Låt dem dra i 20 minuter, låt dem rinna av och hacka.
c) Värm olivolja i en panna och fräs lök och vitlök tills det mjuknat.
d) Tillsätt riven palsternacka i pannan och koka tills de släpper fukten och blivit mjuka.
e) Rör ner hackad porcini-svamp, ströbröd och färsk persilja. Krydda med salt och svartpeppar. Låt blandningen svalna.
f) Kavla ut smördegen och fördela palsternacka- och porciniblandningen över degen.
g) Placera palsternacka- och porciniblandningen i mitten av degen, lämna utrymme runt kanterna.
h) Vik degen över fyllningen, täta kanterna. Du kan skapa ett gallermönster ovanpå om så önskas.
i) Pensla degen med äggtvätt för en gyllene finish.
j) Lägg den inlindade Wellingtonen på en plåt och grädda i 25-30 minuter eller tills degen är gyllenbrun.
k) Låt Palsternackan och Porcini Wellington svalna i några minuter innan du skär upp dem. Servera med en sida av din favoritsås eller chutney. Njut av!

15.Vegansk svamp Wellington

INGREDIENSER:

- 2 msk olivolja
- 1 lök, finhackad
- 3 vitlöksklyftor, hackade
- 1 lb blandade svampar (som cremini , shiitake och ostron), finhackad
- 1 dl spenat, hackad
- 1/2 dl valnötter, hackade
- 1 msk sojasås
- 1 tsk timjan, torkad
- Salt och svartpeppar efter smak
- Smördegsark
- 1 msk växtbaserad mjölk (för pensling)
- Sesamfrön (valfritt, för garnering)

INSTRUKTIONER:

a) Värm ugnen till 400°F (200°C).
b) Värm olivolja i en panna och fräs lök och vitlök tills det mjuknat.
c) Tillsätt hackad svamp i pannan och koka tills fukten avdunstar.
d) Rör ner spenat, valnötter, sojasås, timjan, salt och svartpeppar. Koka tills spenaten vissnar. Låt blandningen svalna.
e) Kavla ut smördegen och bred ut svampblandningen över degen.
f) Placera svampblandningen i mitten av degen, lämna utrymme runt kanterna.
g) Vik degen över fyllningen, täta kanterna. Du kan skapa ett gallermönster ovanpå om så önskas.
h) Pensla degen med växtbaserad mjölk för en gyllene finish. Strö eventuellt sesamfrön ovanpå.
i) Lägg den inlindade Wellingtonen på en plåt och grädda i 25-30 minuter eller tills degen är gyllenbrun.
j) Låt Vegan Mushroom Wellington svalna i några minuter innan du skär upp den. Servera med en sida av vegansk sås eller din favoritsås. Njut av denna läckra och växtbaserade variant!

16. Vegansk misosvamp, squash och kastanj Wellington

INGREDIENSER:
- 2 msk olivolja
- 1 lök, finhackad
- 3 vitlöksklyftor, hackade
- 1 lb blandade svampar (som shiitake, cremini och ostron), finhackad
- 1 dl butternut squash, tärnad
- 1 dl kastanjer, kokta och hackade
- 2 msk misopasta
- 1 msk sojasås
- 1 tsk timjan, torkad
- Salt och svartpeppar efter smak
- Smördegsark
- 1 msk växtbaserad mjölk (för pensling)
- Sesamfrön (valfritt, för garnering)

INSTRUKTIONER:
a) Värm ugnen till 400°F (200°C).
b) Värm olivolja i en panna och fräs lök och vitlök tills det mjuknat.
c) Tillsätt hackad svamp i pannan och koka tills fukten avdunstar.
d) Rör ner tärnad butternut squash, kastanjer, misopasta, sojasås, timjan, salt och svartpeppar. Koka tills squashen är mjuk. Låt blandningen svalna.
e) Kavla ut smördegen och fördela svamp-, squash- och kastanjeblandningen över degen.
f) Lägg fyllningen i mitten av degen, lämna utrymme runt kanterna.
g) Vik degen över fyllningen, täta kanterna. Du kan skapa ett gallermönster ovanpå om så önskas.
h) Pensla degen med växtbaserad mjölk för en gyllene finish. Strö eventuellt sesamfrön ovanpå.
i) Lägg den inlindade Wellingtonen på en plåt och grädda i 25-30 minuter eller tills degen är gyllenbrun.
j) Låt den veganska miso-svampen, squashen och kastanjewellingtonen svalna i några minuter innan du skivar den.
k) Servera med en sida av vegansk sås eller din favoritsås. Njut av denna smakrika och växtbaserade Wellington!

17.Blomkål Wellington

INGREDIENSER:
- 1 stort blomkålshuvud
- 2 msk olivolja
- 1 lök, finhackad
- 3 vitlöksklyftor, hackade
- 1 dl svamp, finhackad
- 1 kopp ströbröd
- 1 dl spenat, hackad
- 1 msk dijonsenap
- Smördegsark
- 1 msk växtbaserad mjölk (för pensling)
- Sesamfrön (valfritt, för garnering)

INSTRUKTIONER:
a) Värm ugnen till 400°F (200°C).
b) Ta bort bladen och stjälken från blomkålen, lämna huvudet intakt.
c) Ånga hela blomkålen lite mjuk men inte för mjuk.
d) Värm olivolja i en panna och fräs lök och vitlök tills det mjuknat.
e) Tillsätt hackad svamp i pannan och koka tills fukten avdunstar.
f) Blanda i ströbröd och spenat tills blandningen är väl blandad. Låt den svalna.
g) Bred dijonsenap över den ångade blomkålen.
h) Kavla ut smördegen och lägg blomkålen i mitten, täck den med svamp- och spenatblandningen.
i) Vik degen över blomkålen, täta kanterna. Du kan skapa ett gallermönster ovanpå om så önskas.
j) Pensla degen med växtbaserad mjölk för en gyllene finish. Strö eventuellt sesamfrön ovanpå.
k) Lägg den inlindade Wellingtonen på en plåt och grädda i 25-30 minuter eller tills degen är gyllenbrun.
l) Låt blomkålswellingtonen svalna i några minuter innan du skär upp den. Servera med en sida av vegansk sås eller din favoritsås. Njut av denna läckra och rejäla veganska rätt!

18.Lamm Wellingtons med Quinoa och örtfyllning

INGREDIENSER:

- 4 lammkotletter
- Salt och svartpeppar efter smak
- 2 msk olivolja
- 1 kopp quinoa, kokt
- 1 lök, finhackad
- 3 vitlöksklyftor, hackade
- 1/2 kopp blandade örter (som persilja, mynta och timjan), hackade
- Skal av en citron
- Smördegsark
- 1 ägg (för äggtvätt)

INSTRUKTIONER:

a) Värm ugnen till 400°F (200°C).
b) Krydda lammkotletterna med salt och svartpeppar.
c) Värm olivolja i en panna och fräs lammkotletterna tills de fått färg på alla sidor. Avsätta.
d) Fräs lök och vitlök i samma panna tills det mjuknat.
e) I en skål, kombinera kokt quinoa, sauterad lök, vitlök, blandade örter och citronskal. Låt blandningen svalna.
f) Kavla ut smördeg och lägg en del av quinoa- och örtfyllningen på varje lammkotlett.
g) Lägg varje lammkotlett på degen, linda sedan degen runt lammet, försegla kanterna.
h) Pensla degen med äggtvätt för en gyllene finish.
i) Lägg de inslagna lamm-Wellingtonsna på en plåt och grädda i 20-25 minuter eller tills degen är gyllenbrun.
j) Låt lammstuffarna med quinoa och örtfyllning vila några minuter innan servering. Njut av dessa smakrika och eleganta Wellingtons!

19. Individuella Beef Wellingtons

INGREDIENSER:
- 4 oxfilébiffar (6 oz vardera)
- Salt och svartpeppar efter smak
- 2 msk olivolja
- 1 kg svamp, finhackad
- 2 vitlöksklyftor, hackade
- 1/4 kopp torrt vitt vin
- 2 msk dijonsenap
- 8 skivor prosciutto
- Smördegsark
- 1 ägg (för äggtvätt)

INSTRUKTIONER:
a) Värm ugnen till 425°F (220°C).
b) Krydda oxfilébiffarna med salt och svartpeppar.
c) Bryn biffarna i olivolja i en het panna tills de fått färg på alla sidor. Avsätta.
d) Tillsätt hackad svamp och vitlök i samma panna. Koka tills svampen släpper ut sin fukt.
e) Häll i det vita vinet och koka tills vätskan avdunstat. Ta bort från värmen och låt blandningen svalna.
f) Pensla varje biff med dijonsenap.
g) Lägg ut prosciuttoskivor på ett ark plastfolie, något överlappande.
h) Bred ut ett lager av svampblandningen över prosciutton.
i) Lägg en oxfilébiff ovanpå och rulla parmaskinka och svampblandningen runt steken, forma individuella paket.
j) Kavla ut smördegen och slå in varje nötköttspaket, försegla kanterna.
k) Pensla degen med äggtvätt för en gyllene finish.
l) Lägg de enskilda Beef Wellingtons på en plåt och grädda i 20-25 minuter eller tills degen är gyllenbrun.
m) Låt Individual Beef Wellingtons vila några minuter innan servering.
n) Servera med din favoritsås, som rödvinsreduktion eller svampsås.

20.Mini Beef och prosciutto Wellington

INGREDIENSER:

- 8 oxfilémedaljonger (cirka 2 tum i diameter)
- Salt och svartpeppar efter smak
- 1 msk olivolja
- 1 dl svamp, finhackad
- 1 vitlöksklyfta, finhackad
- 2 msk rött vin
- 2 msk dijonsenap
- 8 skivor prosciutto
- Smördegsark
- 1 ägg (för äggtvätt)

INSTRUKTIONER:

a) Värm ugnen till 425°F (220°C).
b) Krydda oxfilémedaljongerna med salt och svartpeppar.
c) Värm olivolja i en panna och stek medaljongerna tills de fått färg på alla sidor. Avsätta.
d) Tillsätt hackad svamp och vitlök i samma panna. Koka tills svampen släpper ut sin fukt.
e) Häll i rött vin och koka tills vätskan avdunstat. Ta bort från värmen och låt blandningen svalna.
f) Pensla varje biffmedaljong med dijonsenap.
g) Lägg ut prosciuttoskivor på ett ark plastfolie, något överlappande.
h) Bred ut ett lager av svampblandningen över prosciutton.
i) Lägg en biffmedaljong ovanpå och rulla prosciutto- och svampblandningen runt medaljongen till minipaket.
j) Kavla ut smördeg och linda varje mini Beef Wellington, försegla kanterna.
k) Pensla degen med äggtvätt för en gyllene finish.
l) Lägg mini Beef Wellingtons på en plåt och grädda i 15-20 minuter eller tills degen är gyllenbrun.
m) Låt Mini Beef Wellingtons vila några minuter innan servering. Servera som en elegant aptitretare eller ett härligt festsnack.
n) Njut av dessa smågodis!

21.Nötfärs Wellington

INGREDIENSER:

- 1 lb köttfärs
- Salt och svartpeppar efter smak
- 1 msk olivolja
- 1 lök, finhackad
- 2 vitlöksklyftor, hackade
- 1 dl svamp, finhackad
- 2 msk Worcestershiresås
- 2 msk dijonsenap
- 1/2 kopp ströbröd
- Smördegsark
- 1 ägg (för äggtvätt)

INSTRUKTIONER:

a) Värm ugnen till 400°F (200°C).
b) Värm olivolja i en panna och fräs lök och vitlök tills det mjuknat.
c) Tillsätt nötfärs i pannan och koka tills det får färg. Krydda med salt och svartpeppar.
d) Tillsätt hackad svamp i köttblandningen och koka tills svampen släpper fukten.
e) Rör ner Worcestershiresås, Dijonsenap och ströbröd. Låt blandningen svalna.
f) Kavla ut smördegen och bred nötfärsblandningen över degen.
g) Vik degen över fyllningen, täta kanterna. Du kan skapa ett gallermönster ovanpå om så önskas.
h) Pensla degen med äggtvätt för en gyllene finish.
i) Lägg den inslagna Ground Beef Wellington på en plåt och grädda i 25-30 minuter eller tills degen är gyllenbrun.
j) Låt Ground Beef Wellington svalna i några minuter innan du skär upp den. Servera med din favoritsås eller sås. Njut av denna förenklade version av den klassiska Wellington!

22.Beef Wellington med kreolsk svampblandning

INGREDIENSER:
- 1,5 kg oxfilé
- Salt och svartpeppar efter smak
- 2 msk olivolja
- 1 dl cremini svamp, finhackad
- 1 dl shiitakesvamp, finhackad
- 1 dl ostronsvamp, finhackad
- 1 lök, finhackad
- 2 vitlöksklyftor, hackade
- 1 tsk timjan, torkad
- 1 tsk paprika
- 1/2 tsk cayennepeppar (anpassa efter smak)
- 2 msk Worcestershiresås
- Smördegsark
- Dijon senap
- 1 ägg (för äggtvätt)

INSTRUKTIONER:
a) Värm ugnen till 425°F (220°C).
b) Krydda oxfilén med salt och svartpeppar.
c) I en het panna, stek köttet i olivolja tills det får färg på alla sidor. Avsätta.
d) Fräs lök och vitlök i samma panna tills det mjuknat.
e) Tillsätt cremini , shiitake och ostronsvamp i pannan. Koka tills svampen släpper ut sin fukt.
f) Rör ner timjan, paprika, cayennepeppar och Worcestershiresås. Koka tills blandningen är väl blandad . Låt den svalna.
g) Kavla ut smördeg och bred dijonsenap över köttet.
h) Lägg svampblandningen på köttet, täck det jämnt.
i) Slå in nötköttet i smördegen, täta kanterna. Du kan skapa ett gallermönster ovanpå om så önskas.
j) Pensla degen med äggtvätt för en gyllene finish.
k) Lägg den inslagna Beef Wellington på en plåt och grädda i 25-30 minuter eller tills degen är gyllenbrun.
l) Låt Beef Wellington med Creole Mushroom Mix vila i några minuter innan du skär upp den.

23.Sous Vide Beef Wellington

INGREDIENSER:
- 4 oxfilébiffar (6 oz vardera)
- Salt och svartpeppar efter smak
- 2 msk olivolja
- För sous vide:
- 1 msk olivolja
- Färska timjankvistar
- Vitlöksklyftor, krossade
- 1 dl cremini svamp, finhackad
- 1 dl shiitakesvamp, finhackad
- 1 dl ostronsvamp, finhackad
- 1 lök, finhackad
- 2 vitlöksklyftor, hackade
- 1 tsk timjan, torkad
- 1 tsk paprika
- 1/2 tsk cayennepeppar (anpassa efter smak)
- 2 msk Worcestershiresås
- Smördegsark
- Dijon senap
- 1 ägg (för äggtvätt)

INSTRUKTIONER:
SOUS VIDE FÖRBEREDELSER:
a) Förvärm sous vide-badet till önskad färdighet för oxfilén (t.ex. 130°F / 54°C för medium-rare).
b) Krydda oxfilébiffarna med salt och svartpeppar. Lägg dem i sous vide-påsar med olivolja, färsk timjan och pressade vitlöksklyftor.
c) Koka nötköttet i sous vide-badet i 1,5 till 4 timmar, beroende på vilken tillagning du föredrar.

SVAMPMIX:
d) Värm olivolja i en panna och fräs lök och vitlök tills det mjuknat.
e) Tillsätt cremini, shiitake och ostronsvamp i pannan. Koka tills svampen släpper ut sin fukt.
f) Rör ner timjan, paprika, cayennepeppar och Worcestershiresås. Koka tills blandningen är väl blandad. Låt den svalna.

MONTERING OCH BAKNING:

g) Värm ugnen till 425°F (220°C).
h) Ta bort oxfilén från sous videpåsarna och klappa dem torra.
i) Kavla ut smördeg och bred dijonsenap över köttet.
j) Lägg svampblandningen på köttet, täck det jämnt.
k) Slå in nötköttet i smördegen, täta kanterna. Du kan skapa ett gallermönster ovanpå om så önskas.
l) Pensla degen med äggtvätt för en gyllene finish.
m) Lägg den inslagna Beef Wellington på en plåt och grädda i 25-30 minuter eller tills degen är gyllenbrun.
n) Låt Sous Vide Beef Wellington vila några minuter innan den skärs upp. Servera med en sida av din favoritsås eller en rödvinsreduktion. Njut av denna förhöjda version av den klassiska Beef Wellington!

24. Beef Wellington Pot Pie

INGREDIENSER:
- 1,5 kg oxfilé, i tärningar
- Salt och svartpeppar efter smak
- 2 msk olivolja
- 1 lök, finhackad
- 2 vitlöksklyftor, hackade
- 1 dl cremini svamp, skivad
- 1 dl morötter, tärnade
- 1 dl frysta ärtor
- 1/4 kopp universalmjöl
- 1 dl nötbuljong
- 1/2 kopp rött vin
- 1 tsk timjan, torkad
- 1 paket smördegsark
- Dijon senap
- 1 ägg (för äggtvätt)

INSTRUKTIONER:
a) Värm ugnen till 400°F (200°C).
b) Krydda nötköttstärningarna med salt och svartpeppar.
c) Värm olivolja på medelhög värme i en stor stekpanna. Bryn nötköttstärningarna tills de fått färg på alla sidor. Ta bort och ställ åt sidan.
d) Tillsätt lök, vitlök, svamp och morötter i samma stekpanna. Fräs tills grönsakerna är mjuka.
e) Strö mjöl över grönsakerna och rör om för att täcka. Koka i 1-2 minuter för att ta bort den råa smaken av mjölet.
f) Häll långsamt i nötbuljongen och rödvinet, rör hela tiden för att undvika klumpar. Koka upp och låt det tjockna.
g) Lägg tillbaka det stekta nötköttet i stekpannan. Rör ner frysta ärtor och torkad timjan. Sjud i några minuter tills blandningen har en grytaliknande konsistens.
h) Kavla ut smördegen och skär den i rundlar eller rutor, beroende på storleken på dina serveringsfat.
i) Häll nötköttsfyllningen i individuella ugnssäkra kastruller eller en ugnsform.

j) Bred ut ett tunt lager dijonsenap över toppen av köttblandningen.
k) Lägg smördegsrundorna eller fyrkanterna ovanpå fyllningen, tryck på kanterna för att täta.
l) Vispa ägget och pensla det över smördegen för en gyllene finish.
m) Grädda i den förvärmda ugnen i 20-25 minuter eller tills degen är gyllenbrun och puffad.
n) Låt Beef Wellington Pot Pies svalna i några minuter innan servering. Njut av den tröstande och smakrika pot pie med en twist!

25. Beef Wellington Bites

INGREDIENSER:
- 1 lb oxfilé, skuren i små tärningar
- Salt och svartpeppar efter smak
- 2 msk olivolja
- 1 dl cremini svamp, finhackad
- 1 lök, finhackad
- 2 vitlöksklyftor, hackade
- 1 msk dijonsenap
- 1 paket smördegsark
- 1 ägg (för äggtvätt)

INSTRUKTIONER:
a) Värm ugnen till 400°F (200°C).
b) Krydda nötköttstärningarna med salt och svartpeppar.
c) Värm olivolja på medelhög värme i en panna. Bryn nötköttstärningarna tills de fått färg på alla sidor. Ta bort och ställ åt sidan.
d) Tillsätt lök, vitlök och svamp i samma kastrull. Fräs tills svampen släpper sin fukt och blandningen blir doftande.
e) Bred ut ett tunt lager dijonsenap på varje sida av de stekta nötköttstärningarna.
f) Kavla ut smördegen och skär den i små rutor eller cirklar, beroende på vad du föredrar.
g) Lägg en sked av svampblandningen i mitten av varje bakverksruta.
h) Lägg en dijonbelagd nötköttstärning ovanpå svampblandningen.
i) Vik degen över nötköttet och försegla kanterna, skapa lagom stora Wellingtons.
j) Vispa ägget och pensla det över smördegen för en gyllene finish.
k) Lägg Beef Wellington Bites på en plåt och grädda i 15-20 minuter eller tills degen är gyllenbrun och puffad.
l) Låt bitarna svalna några minuter innan servering. Ordna dem på ett fat och njut av dessa eleganta, lagom stora godsaker!

26.Poor Man's Beef Wellington

INGREDIENSER:
- 1,5 kg nötchuckstek, putsad
- Salt och svartpeppar efter smak
- 2 msk olivolja
- 1 lök, finhackad
- 2 vitlöksklyftor, hackade
- 1 dl svamp, finhackad
- 1 msk Worcestershiresås
- Smördegsark
- Dijon senap
- 1 ägg (för äggtvätt)

INSTRUKTIONER:

a) Värm ugnen till 400°F (200°C).

b) Krydda nötchucksteken med salt och svartpeppar.

c) Värm olivolja på medelhög värme i en stor ugnssäker stekpanna. Bryn biffchucksteken tills den fått färg på alla sidor. Ta bort och ställ åt sidan.

d) Tillsätt lök, vitlök och svamp i samma stekpanna. Fräs tills svampen släpper sin fukt och blandningen blir doftande.

e) Rör ner Worcestershiresås och koka i ytterligare 2-3 minuter. Låt blandningen svalna.

f) Kavla ut smördegen och bred ett lager dijonsenap över nötchucksteken.

g) Lägg svampblandningen ovanpå köttet.

h) Varva nötkötts- och svampblandningen med smördegen, täta kanterna. Du kan skapa ett gallermönster ovanpå om så önskas.

i) Vispa ägget och pensla det över smördegen för en gyllene finish.

j) Sätt in stekpannan i den förvärmda ugnen och grädda i 40-50 minuter eller tills degen är gyllenbrun och nötköttet tillagat enligt din smak.

k) Låt Poor Man's Beef Wellington vila några minuter innan du skär upp den.

l) Servera skivor av denna budgetvänliga version av Beef Wellington med dina favoritsidor. Det är en läcker och mer ekonomisk version av den klassiska rätten!

27.Köttbulle Wellington

INGREDIENSER:
FÖR KÖTTBULLAR:
- 1 lb köttfärs
- 1/2 kopp ströbröd
- 1/4 kopp riven parmesanost
- 1/4 kopp mjölk
- 1 ägg
- 2 vitlöksklyftor, hackade
- 1 tsk torkad oregano
- Salt och svartpeppar efter smak

FÖR SVAMP DUXELLES:
- 2 dl svamp, finhackad
- 2 msk smör
- 2 vitlöksklyftor, hackade
- Salt och svartpeppar efter smak
- 2 msk hackad färsk persilja

FÖR MONTERING:
- Smördegsark
- Dijon senap
- 1 ägg (för äggtvätt)

INSTRUKTIONER:
FÖR KÖTTBULLAR:
a) Värm ugnen till 400°F (200°C).
b) I en skål, kombinera köttfärs, ströbröd, parmesanost, mjölk, ägg, hackad vitlök, torkad oregano, salt och svartpeppar. Blanda väl.
c) Forma blandningen till köttbullar och lägg dem på en plåt.
d) Grädda i förvärmd ugn i 15-20 minuter eller tills köttbullarna är genomstekta.

FÖR SVAMP DUXELLES:
e) Smält smör på medelvärme i en kastrull. Tillsätt hackad svamp och hackad vitlök.
f) Koka svampen tills den släpper sin fukt och blir gyllenbrun.
g) Krydda med salt och svartpeppar och rör ner hackad färsk persilja. Ställ åt sidan för att svalna.

FÖR MONTERING:
h) Kavla ut smördegen och skär den i rutor, en för varje köttbulle.
i) Bred ut ett tunt lager dijonsenap på varje ruta.
j) Lägg en sked av svampduxellerna i mitten av varje ruta.
k) Lägg en bakad köttbulle ovanpå svampblandningen.
l) Vik smördegen över köttbullen, täta kanterna. Du kan skapa ett gallermönster ovanpå om så önskas.
m) Vispa ägget och pensla det över smördegen för en gyllene finish.
n) Lägg köttbullarna på en plåt och grädda i 20-25 minuter eller tills degen är gyllenbrun.

28. Air Fryer Ground Beef Wellington

INGREDIENSER:
- 1 lb köttfärs
- Salt och svartpeppar efter smak
- 1 msk olivolja
- 1 lök, finhackad
- 2 vitlöksklyftor, hackade
- 1 dl svamp, finhackad
- 1 msk Worcestershiresås
- Smördegsark
- Dijon senap
- 1 ägg (för äggtvätt)

INSTRUKTIONER:
a) Förvärm din airfryer till 375°F (190°C).
b) Värm olivolja på medelhög värme i en panna. Tillsätt lök, vitlök och svamp. Fräs tills svampen släpper sin fukt och blandningen blir doftande.
c) Tillsätt nötfärs i pannan och koka tills det får färg. Krydda med salt och svartpeppar.
d) Rör ner Worcestershiresås och koka i ytterligare 2-3 minuter. Låt blandningen svalna.
e) Kavla ut smördegen och bred ett lager dijonsenap över nötfärsblandningen.
f) Lägg den avsvalnade köttfärsblandningen ovanpå smördegen.
g) Varva nötfärsblandningen med smördegen, täta kanterna. Du kan skapa ett gallermönster ovanpå om så önskas.
h) Vispa ägget och pensla det över smördegen för en gyllene finish.
i) Placera den inslagna Ground Beef Wellington i airfryer-korgen.
j) Luftstek i 15-20 minuter eller tills smördegen är gyllenbrun.
k) Låt Ground Beef Wellington svalna i några minuter innan du skär upp den.

29. Braxen Wellington med blomkål, gurka och rädisa

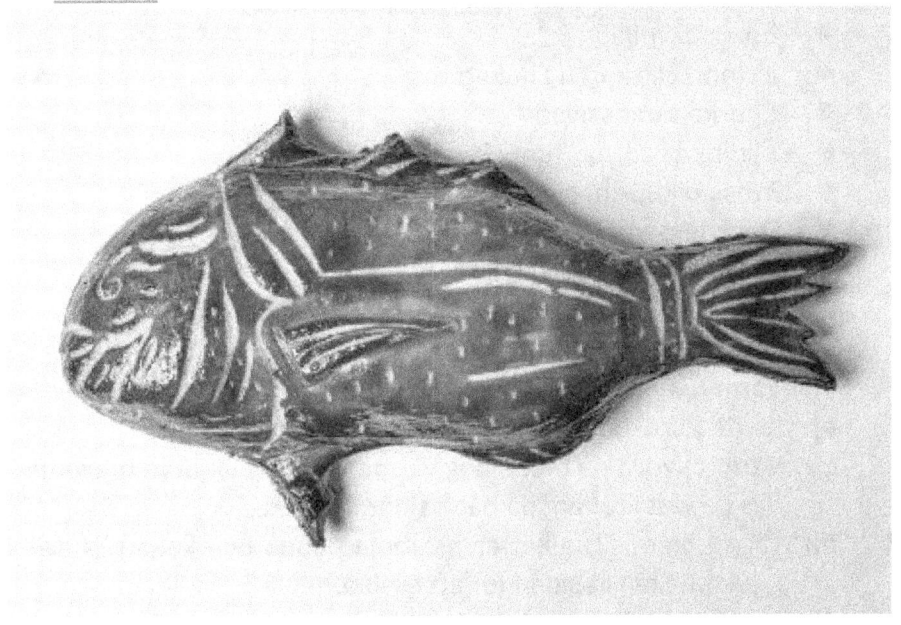

INGREDIENSER:
- 4 braxen filéer
- Salt och svartpeppar efter smak
- 2 msk olivolja
- 1 blomkål, skuren i buketter
- 1 gurka, tunt skivad
- 1 knippe rädisor, tunt skivade
- 2 msk dijonsenap
- Smördegsark
- 1 ägg (för äggtvätt)

INSTRUKTIONER:
a) Värm ugnen till 400°F (200°C).
b) Krydda braxenfiléerna med salt och svartpeppar.
c) Värm olivolja på medelhög värme i en panna. Bryn braxenfiléerna tills de fått lite färg på båda sidor. Avsätta.
d) Lägg i blomkålsbuketter i samma panna och koka tills de börjar mjukna. Ställ åt sidan för att svalna.
e) Kavla ut smördeg och bred dijonsenap över varje braxenfilé.
f) Lägg ett lager brynt braxenfilé på varje plåt, lämna utrymme runt kanterna.
g) Lägg blomkålsbuketter, gurkskivor och rädisaskivor över braxenfiléerna.
h) Vik smördegen över fisk- och grönsaksfyllningen, täta kanterna. Du kan skapa ett gallermönster ovanpå om så önskas.
i) Vispa ägget och pensla det över smördegen för en gyllene finish.
j) Lägg braxen Wellingtons på en plåt och grädda i 20-25 minuter eller tills degen är gyllenbrun.
k) Låt braxen Wellington med blomkål, gurka och rädisa vila några minuter innan servering. Servera med en sida av din favoritsås eller en lätt örtinfunderad dressing. Njut av denna eleganta och smakrika rätt!

30. Texas Style Beef Wellington

INGREDIENSER:
- 2 kg oxfilé
- Salt och svartpeppar efter smak
- 2 msk olivolja
- 1 kopp karamelliserad lök
- 1 kopp kokt och hackad bringa (överbliven eller köpt i butik)
- 1/4 kopp barbecuesås
- Smördegsark
- Dijon senap
- 1 ägg (för äggtvätt)

INSTRUKTIONER:
a) Värm ugnen till 400°F (200°C).
b) Krydda oxfilén med salt och svartpeppar.
c) Värm olivolja på medelhög värme i en panna. Bryn oxfilén tills den fått färg på alla sidor. Avsätta.
d) Blanda karamelliserad lök, hackad bringa och barbecuesås i samma panna. Koka i några minuter tills smakerna smälter samman. Låt blandningen svalna.
e) Kavla ut smördeg och bred dijonsenap över oxfilén.
f) Lägg ett lager av bringa och karamelliserad lökblandning på den senapsbelagda nötköttet.
g) Varva nötkötts- och bringablandningen med smördegen, försegla kanterna. Du kan skapa ett gallermönster ovanpå om så önskas.
h) Vispa ägget och pensla det över smördegen för en gyllene finish.
i) Lägg den inslagna Texas Style Beef Wellington på en plåt och grädda i 25-30 minuter eller tills degen är gyllenbrun.
j) Låt Texas Style Beef Wellington vila några minuter innan du skär upp den. Servera med extra barbecuesås vid sidan av. Njut av denna texanska twist på den klassiska Beef Wellington med de rika smakerna av karamelliserad lök och bringa!

31. Grönsaker Wellington

INGREDIENSER:
- 1 stor aubergine, skivad i tunna skivor
- 2 zucchini, skivade i tunna strimlor
- 1 röd paprika, tunt skivad
- 1 gul paprika, tunt skivad
- 1 dl körsbärstomater, halverade
- 2 dl spenat, hackad
- 1 dl fetaost, smulad
- 2 msk olivolja
- 2 vitlöksklyftor, hackade
- Salt och svartpeppar efter smak
- Smördegsark
- Dijon senap
- 1 ägg (för äggtvätt)

INSTRUKTIONER:
a) Värm ugnen till 400°F (200°C).
b) Värm olivolja på medelvärme i en panna. Tillsätt hackad vitlök och fräs tills det doftar.
c) Tillsätt skivad aubergine, zucchini och paprika i pannan. Koka tills grönsakerna är mjuka. Krydda med salt och svartpeppar.
d) Rör ner hackad spenat och körsbärstomater. Koka tills spenaten vissnar och tomaterna mjuknat. Låt blandningen svalna.
e) Kavla ut smördegen och bred dijonsenap över degen.
f) Lägg den kokta grönsaksblandningen på den senapsbelagda degen.
g) Strö smulad fetaost över grönsakerna.
h) Vik smördegen över grönsaks- och ostfyllningen, försegla kanterna. Du kan skapa ett gallermönster ovanpå om så önskas.
i) Vispa ägget och pensla det över smördegen för en gyllene finish.
j) Lägg de inslagna grönsakerna Wellington på en plåt och grädda i 25-30 minuter eller tills degen är gyllenbrun.
k) Låt grönsaker Wellington svalna i några minuter innan du skär upp dem.

32. Jackalope Wellington

INGREDIENSER:

- 2 pund viltkött eller kaninkött, tunt bankat
- Salt och svartpeppar efter smak
- 2 msk olivolja
- 1 dl vildsvamp (som murklor eller kantarell), finhackad
- 1 lök, finhackad
- 2 vitlöksklyftor, hackade
- 1/4 kopp rött vin
- Smördegsark
- Dijon senap
- 1 ägg (för äggtvätt)

INSTRUKTIONER:

a) Värm ugnen till 400°F (200°C).
b) Krydda det dunkade viltköttet eller kaninköttet med salt och svartpeppar.
c) Värm olivolja på medelhög värme i en panna. Fräs lök och vitlök tills det mjuknat.
d) Tillsätt den hackade vilda svampen i pannan och koka tills de släpper fukten.
e) Häll i rött vin och koka tills vätskan avdunstat. Låt blandningen svalna.
f) Kavla ut smördeg och bred dijonsenap över köttet.
g) Lägg ett lager av svampblandningen på det senapsbelagda köttet.
h) Varva kött- och svampblandningen med smördegen, täta kanterna. Du kan skapa ett gallermönster ovanpå om så önskas.
i) Vispa ägget och pensla det över smördegen för en gyllene finish.
j) Lägg den inlindade Jackalope Wellington på en plåt och grädda i 25-30 minuter eller tills degen är gyllenbrun.
k) Låt Jackalope Wellington vila i några minuter innan du skär upp den. Servera med en sida av vildbärssås eller ditt favorittillbehör. Njut av denna fantasifulla och smakrika rätt!

33. Italienskt nötkött Wellington

INGREDIENSER:
- 2 kg oxfilé
- Salt och svartpeppar efter smak
- 2 msk olivolja
- 1 kopp prosciutto, tunt skivad
- 1 dl svamp, finhackad
- 1 dl spenat, hackad
- 1 kopp ricottaost
- 2 vitlöksklyftor, hackade
- 1 tsk torkad oregano
- Smördegsark
- 1 ägg (för äggtvätt)

INSTRUKTIONER:
a) Värm ugnen till 400°F (200°C).
b) Krydda oxfilén med salt och svartpeppar.
c) Värm olivolja på medelhög värme i en panna. Bryn oxfilén tills den fått färg på alla sidor. Avsätta.
d) Tillsätt prosciutto i samma panna och koka tills den blir lite knaprig. Ta bort från pannan och ställ åt sidan.
e) Tillsätt svamp och vitlök i samma kastrull. Koka tills svampen släpper ut sin fukt.
f) Rör ner hackad spenat och koka tills den vissnat. Ta bort från värmen och låt blandningen svalna.
g) Kavla ut smördeg och bred ett lager ricottaost över oxfilén.
h) Lägg ett lager prosciutto ovanpå ricottan.
i) Fördela svamp- och spenatblandningen över prosciutton.
j) Vik smördegen över det skiktade nötköttet och fyllningen, försegla kanterna. Du kan skapa ett gallermönster ovanpå om så önskas.
k) Vispa ägget och pensla det över smördegen för en gyllene finish.
l) Lägg den inslagna italienska nötköttswellingtonen på en plåt och grädda i 25-30 minuter eller tills degen är gyllenbrun.
m) Låt Italian Beef Wellington vila några minuter innan du skär upp den. Servera med en sida av marinarasås eller balsamico.
n) Njut av denna italienskinspirerade twist på klassiska Wellington!

34.Veggie linser Wellington

INGREDIENSER:
FÖR LINSFYLLNING:
- 1 kopp torkade gröna eller bruna linser, kokta
- 1 lök, finhackad
- 2 vitlöksklyftor, hackade
- 1 morot, riven
- 1 stjälkselleri, finhackad
- 1 dl svamp, finhackad
- 1 tsk torkad timjan
- 1 tsk torkad rosmarin
- Salt och svartpeppar efter smak
- 2 msk tomatpuré
- 1/2 dl grönsaksbuljong
- 1 dl färsk spenat, hackad

FÖR THE WELLINGTON:
- Smördegsark
- Dijon senap
- 1 ägg (för äggtvätt)

INSTRUKTIONER:
FÖR LINSFYLLNING:
a) Fräs lök och vitlök i en panna i olivolja tills de mjuknat.
b) Tillsätt riven morot, hackad selleri och svamp. Koka tills grönsakerna är mjuka.
c) Rör i kokta linser, timjan, rosmarin, salt och svartpeppar.
d) Tillsätt tomatpuré och grönsaksbuljong. Sjud tills blandningen tjocknar.
e) Tillsätt hackad färsk spenat och koka tills den vissnat. Låt blandningen svalna.

FÖR THE WELLINGTON:
f) Värm ugnen till 400°F (200°C).
g) Kavla ut smördegen och bred ett tunt lager dijonsenap över.
h) Skeda lins- och grönsaksblandningen längs mitten av degen.
i) Vik smördegen över linsfyllningen, täta kanterna. Du kan skapa ett gallermönster ovanpå om så önskas.
j) Vispa ägget och pensla det över smördegen för en gyllene finish.
k) Lägg Veggie Lentil Wellington på en plåt och grädda i 25-30 minuter eller tills degen är gyllenbrun.
l) Låt Veggie Lentil Wellington vila i några minuter innan du skär upp den. Servera med en sida av din vegetariska favoritsås eller sås. Njut av denna rejäla och smakrika vegetariska Wellington!

35.Portobello, Pecan och Chestnut Wellington

INGREDIENSER:
FÖR FYLLNING:
- 4 stora Portobellosvampar, stjälkarna borttagna
- 1 dl pekannötter, rostade och hackade
- 1 dl kastanjer, rostade och skalade
- 2 msk olivolja
- 1 lök, finhackad
- 3 vitloksklyftor, hackade
- 1 tsk färska timjanblad
- Salt och svartpeppar efter smak
- 1 dl färsk spenat, hackad
- 1/2 kopp ströbröd
- 1/2 dl grönsaksbuljong

FÖR THE WELLINGTON:
- Smördegsark
- Dijon senap
- 1 ägg (för äggtvätt)

INSTRUKTIONER:
FÖR FYLLNING:
a) Värm ugnen till 400°F (200°C).
b) Lägg Portobello-svampen på en plåt. Ringla över olivolja, smaka av med salt och peppar och rosta i cirka 15-20 minuter tills de är mjuka. Låt dem svalna.
c) Fräs lök och vitlök i en panna i olivolja tills de mjuknat.
d) Tillsätt hackade kastanjer, rostade pekannötter och färsk timjan i pannan. Koka i några minuter tills det doftar.
e) Rör ner färsk spenat och koka tills den vissnat.
f) Tillsätt ströbröd och grönsaksbuljong i pannan, skapa en fuktig fyllning. Krydda med salt och peppar.
g) Ta bort gälarna från de avsvalnade Portobello-svamparna och lägg dem på ett ark med plastfolie, något överlappande.
h) Fördela pekannöts-, kastanje- och spenatblandningen över svampen.
i) Rulla svampen och fyllningen till en stockform med hjälp av plastfolien. Kyl i kylen i cirka 30 minuter.

FÖR THE WELLINGTON:
j) Värm ugnen till 400°F (200°C).
k) Kavla ut smördegen och bred ett tunt lager dijonsenap över.
l) Packa upp den kylda svampen och fyllningsstocken och placera den i mitten av degen.
m) Vik smördegen över stocken, täta kanterna. Du kan skapa ett gallermönster ovanpå om så önskas.
n) Vispa ägget och pensla det över smördegen för en gyllene finish.
o) Lägg den rostade Portobello-svampen, pekannöten och kastanjewellingtonen på en plåt och grädda i 25-30 minuter eller tills degen är gyllenbrun.
p) Låt Wellingtonn vila några minuter innan den skärs upp. Servera med en sida av din favoritsvampsås eller sås. Njut av denna eleganta och smakrika vegetariska Wellington!

36. Fläsk Wellington

INGREDIENSER:
FÖR FISKET:
- 2 kg fläskfilé
- Salt och svartpeppar efter smak
- 2 msk olivolja
- Dijon senap

FÖR SVAMP DUXELLES:
- 2 dl svamp, finhackad
- 2 msk smör
- 2 vitlöksklyftor, hackade
- Salt och svartpeppar efter smak
- 2 msk färsk persilja, hackad

FÖR MONTERING:
- Smördegsark
- Prosciutto skivor
- 1 ägg (för äggtvätt)

INSTRUKTIONER:
FÖR FISKET:
a) Värm ugnen till 400°F (200°C).
b) Krydda fläskfilén med salt och svartpeppar.
c) Värm olivolja på medelhög värme i en panna. Bryn fläskfilén tills den fått färg på alla sidor. Ställ åt sidan för att svalna.
d) När det svalnat, pensla fläsket med dijonsenap.

FÖR SVAMP DUXELLES:
e) Smält smör på medelvärme i samma panna. Tillsätt hackad vitlök och fräs tills det doftar.
f) Tillsätt hackad svamp i pannan och koka tills de släpper fukten.
g) Krydda med salt och svartpeppar. Rör ner färsk persilja och koka tills blandningen är väl blandad. Låt den svalna.

FÖR MONTERING:
h) Kavla ut smördegen och lägg parmaskinkaskivor ovanpå, något överlappande.
i) Bred ett tunt lager av svampduxelles över prosciutton.
j) Lägg den dijonborstade fläskfilén ovanpå svampblandningen.

k) Rulla smördegen över fläsket och täta kanterna. Du kan skapa ett gallermönster ovanpå om så önskas.
l) Vispa ägget och pensla det över smördegen för en gyllene finish.
m) Lägg Pork Wellington på en plåt och grädda i 25-30 minuter eller tills degen är gyllenbrun.
n) Låt Pork Wellington vila i några minuter innan du skär upp den. Servera med en sida av din favoritsås eller sås. Njut av denna läckra och eleganta twist på den klassiska Wellington!

37.Grillad biff Wellington

INGREDIENSER:
FÖR NÖTKÖTTET:
- 2 kg oxfilé
- Salt och svartpeppar efter smak
- 2 msk olivolja
- Dijon senap

FÖR SVAMP DUXELLES:
- 2 dl svamp, finhackad
- 2 msk smör
- 2 vitlöksklyftor, hackade
- Salt och svartpeppar efter smak
- 2 msk färsk persilja, hackad

FÖR MONTERING:
- Smördegsark
- Prosciutto skivor
- 1 ägg (för äggtvätt)

INSTRUKTIONER:
FÖR NÖTKÖTTET:
a) Förvärm grillen till medelhög värme.
b) Krydda oxfilén med salt och svartpeppar.
c) Bryn nötköttet på den heta grillen ett par minuter på varje sida för att få en fin stekning. Detta steg är viktigt för att försegla i juicerna.
d) Låt det grillade köttet svalna och pensla det sedan med dijonsenap.

FÖR SVAMP DUXELLES:
e) Smält smör på medelvärme i en kastrull. Tillsätt hackad vitlök och fräs tills det doftar.
f) Tillsätt hackad svamp i pannan och koka tills de släpper fukten.
g) Krydda med salt och svartpeppar. Rör ner färsk persilja och koka tills blandningen är väl blandad . Låt den svalna.

FÖR MONTERING:
h) Kavla ut smördegen på en ren yta.
i) Varva prosciuttoskivor ovanpå smördegen, lite överlappande.
j) Bred ett tunt lager av svampduxelles över prosciutton.

k) Lägg den dijonborstade grillade oxfilén ovanpå svampblandningen.
l) Rulla smördegen över nötköttet och förslut kanterna. Du kan skapa ett gallermönster ovanpå om så önskas.
m) Vispa ägget och pensla det över smördegen för en gyllene finish.
n) Överför försiktigt den inlindade Wellington till grillen. Använd indirekt värme för att undvika att botten av bakverket bränns.
o) Grilla Beef Wellington i cirka 20-25 minuter eller tills degen är gyllenbrun och innertemperaturen i nötköttet når önskad nivå av tillagning.
p) Låt Grilled Beef Wellington vila några minuter innan du skär upp den. Servera med en sida av din favoritsås eller sås. Njut av den rökiga godheten från grillen!

38.Fig och Sage Turkiet Wellington

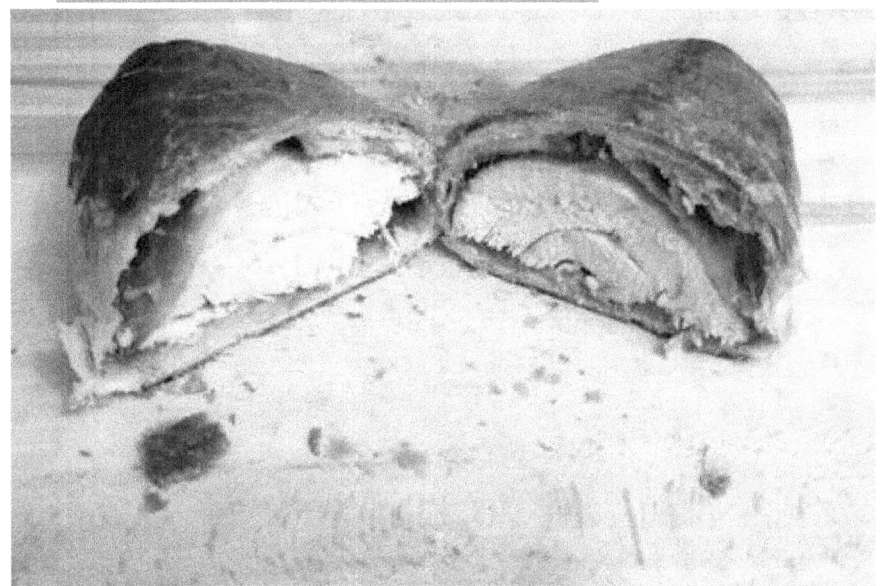

INGREDIENSER:
FÖR TURKIET:
- 2 kg kalkonbröst, benfritt och utan skinn
- Salt och svartpeppar efter smak
- 2 msk olivolja
- Dijon senap

FÖR FIKON- OCH SALVISJUPPPNING:
- 1 dl torkade fikon, hackade
- 1 kopp ströbröd
- 1/2 kopp pekannötter, hackade
- 1/4 kopp färska salviablad, hackade
- 1 lök, finhackad
- 2 vitlöksklyftor, hackade
- 2 msk smör
- Salt och svartpeppar efter smak
- 1/2 kopp kyckling- eller kalkonbuljong

FÖR MONTERING:
- Smördegsark
- Prosciutto skivor
- 1 ägg (för äggtvätt)

INSTRUKTIONER:
FÖR TURKIET:
a) Värm ugnen till 400°F (200°C).
b) Krydda kalkonbröstet med salt och svartpeppar.
c) Värm olivolja på medelhög värme i en panna. Bryn kalkonbröstet tills det får färg på alla sidor. Ställ åt sidan för att svalna.
d) När den svalnat, pensla kalkonen med dijonsenap.

FÖR FIKON- OCH SALVISJUPPPNING:
e) Smält smör på medelvärme i samma panna. Tillsätt hackad lök och vitlök. Fräs tills det mjuknat.
f) Tillsätt hackade fikon, ströbröd, pekannötter och färsk salvia i pannan. Koka i några minuter tills blandningen är väl blandad .
g) Krydda med salt och svartpeppar. Häll i kyckling- eller kalkonbuljong för att fukta fyllningen. Låt den svalna.

FÖR MONTERING:

h) Kavla ut smördegen på en ren yta.
i) Varva prosciuttoskivor ovanpå smördegen, lite överlappande.
j) Bred ett tunt lager av fikon- och salviafyllningen över prosciutton.
k) Lägg det dijonborstade kalkonbröstet ovanpå fyllningen.
l) Rulla smördegen över kalkonen och förslut kanterna. Du kan skapa ett gallermönster ovanpå om så önskas.
m) Vispa ägget och pensla det över smördegen för en gyllene finish.
n) Lägg den inlindade fikon- och salviakalkonen Wellington på en plåt och grädda i 30-35 minuter eller tills degen är gyllenbrun.
o) Låt fikon och salvia Turkiet Wellington vila några minuter innan du skär upp den. Servera med en sida av tranbärssås eller kalkonsås. Njut av denna festliga och smakrika Wellington!

39. Blue Cheese and Beef Wellington

INGREDIENSER:
FÖR NÖTKÖTTET:
- 2 kg oxfilé
- Salt och svartpeppar efter smak
- 2 msk olivolja
- Dijon senap

FÖR BLUE OST OCH SVAMP DUXELLES:
- 2 dl svamp, finhackad
- 2 msk smör
- 2 vitlöksklyftor, hackade
- Salt och svartpeppar efter smak
- 1/2 kopp ädelost, smulad
- 2 msk färska timjanblad

FÖR MONTERING:
- Smördegsark
- Prosciutto skivor
- 1 ägg (för äggtvätt)

INSTRUKTIONER:
FÖR NÖTKÖTTET:
a) Värm ugnen till 400°F (200°C).
b) Krydda oxfilén med salt och svartpeppar.
c) Värm olivolja på medelhög värme i en panna. Bryn oxfilén tills den fått färg på alla sidor. Ställ åt sidan för att svalna.
d) När svalnat, pensla nötköttet med dijonsenap.

FÖR BLUE OST OCH SVAMP DUXELLES:
e) Smält smör på medelvärme i samma panna. Tillsätt hackad vitlök och fräs tills det doftar.
f) Tillsätt hackad svamp i pannan och koka tills de släpper fukten.
g) Krydda med salt och svartpeppar. Rör ner smulad ädelost och färsk timjan. Koka tills blandningen är väl blandad. Låt den svalna.

FÖR MONTERING:
h) Kavla ut smördegen på en ren yta.
i) Varva prosciuttoskivor ovanpå smördegen, lite överlappande.
j) Fördela ett tunt lager av ädelost och svampduxelles över prosciutton.
k) Lägg den dijonborstade oxfilén ovanpå duxellerna.
l) Rulla smördegen över nötköttet och duxelles, täta kanterna. Du kan skapa ett gallermönster ovanpå om så önskas.
m) Vispa ägget och pensla det över smördegen för en gyllene finish.
n) Lägg den inlindade Blue Cheese and Beef Wellington på en plåt och grädda i 25-30 minuter eller tills degen är gyllenbrun.

40.Fläskfilé med bakad smördeg

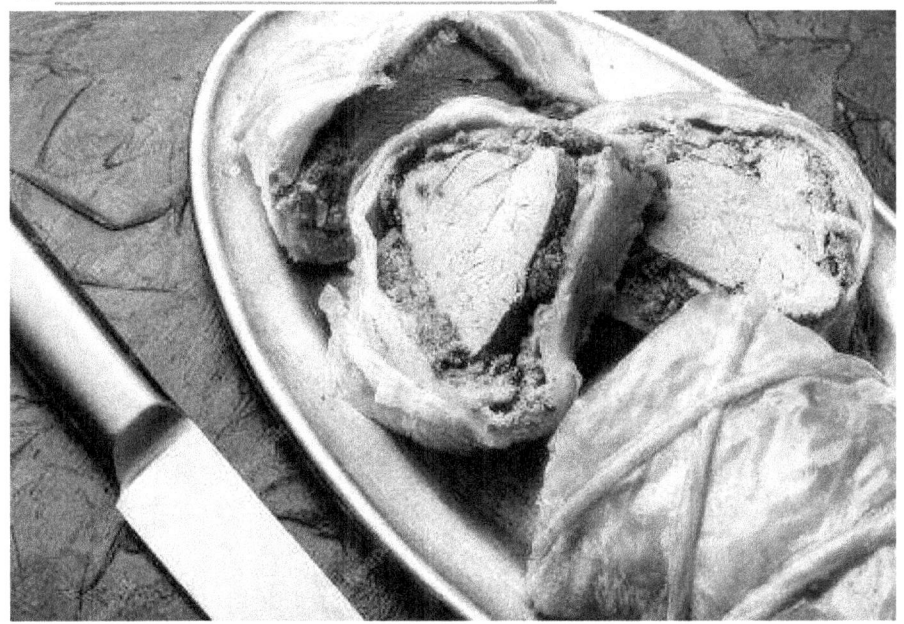

INGREDIENSER:
- 1 ark smördeg
- 1 fläskfilé
- 6 skivor bacon
- 6 skivor ost
- 1 ägg, uppvispat

INSTRUKTIONER:
a) Värm ugnen till 220°C.
b) Krydda filén med peppar och bryn i en stekpanna.
c) Reservera och låt svalna.
d) Sträck ut smördegsarket.
e) I mittsektionen, lägg ostskivorna och sedan baconskivorna på ett sådant sätt att de sedan slår in ryggbiffen.
f) När filén har svalnat , lägg den på baconet.
g) Förslut till sist smördegen.
h) Bred fläskfilén inlindad i smördeg med det uppvispade ägget och sätt in i ugnen i ca 30 minuter.

EN CROÛTE

41. Belgisk lax i smördeg

INGREDIENSER:
- 2 ark smördeg, tinade om de är frysta
- 2 laxfiléer, skinnet borttaget
- 1 dl färska spenatblad
- 4 uns färskost, mjukad
- 2 msk hackad färsk dill
- 1 msk dijonsenap
- Salta och peppra, efter smak
- 1 ägg, vispat (för äggtvätt)

INSTRUKTIONER:

a) Värm ugnen till 400°F (200°C). Klä en plåt med bakplåtspapper.

b) Kavla ut varje ark smördeg på lätt mjölat underlag tills det är tillräckligt stort för att vira runt en laxfilé.

c) Kombinera den mjukgjorda färskosten, hackad färsk dill, dijonsenap, salt och peppar i en mixerskål. Blanda väl för att kombinera.

d) Lägg en laxfilé på varje utkavlad smördegsplatta. Krydda laxen med salt och peppar.

e) Bred ut ett lager färska spenatblad ovanpå varje laxfilé.

f) Häll färskostblandningen jämnt över spenatskiktet, täck laxfiléerna.

g) Vik försiktigt smördegen över laxen och fyllningen, täta kanterna genom att trycka ihop dem. Putsa eventuellt överflödigt bakverk om det behövs.

h) Överför de inslagna laxpaketen på den förberedda bakplåten med sömssidan nedåt.

i) Pensla toppen av varje smördegspaket med det uppvispade ägget för att skapa en gyllene och glänsande skorpa.

j) Använd en vass kniv och gör några skåror på toppen av varje bakverk så att ånga kan komma ut under gräddningen.

k) Grädda i förvärmd ugn i ca 20-25 minuter, eller tills smördegen är gyllenbrun och laxen är genomstekt.

l) Ta ut den belgiska laxen i smördegen från ugnen och låt den vila några minuter innan servering.

m) Skiva laxen sv kröka i tjocka portioner och servera den varm. Det passar bra med en sida av ångade grönsaker eller en fräsch sallad.

42. Seitan En Croute

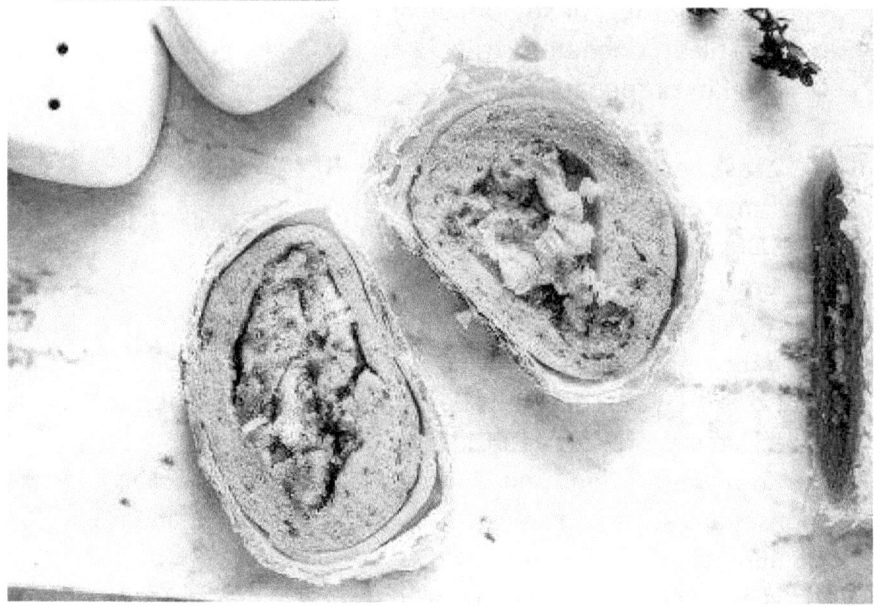

INGREDIENSER:

- 1 msk olivolja
- 2 medelstora schalottenlök, hackade
- uns vita svampar, hackade
- ¼ kopp Madeira _
- 1 msk finhackad färsk persilja
- ½ tsk torkad timjan
- ½ tsk torkad salta
- 2 dl fint hackade torra brödtärningar
- Salt och nymalen svartpeppar
- 1 fryst smördegsplåt, tinad
- (¼ tum tjocka) seitanskivor ca 3 X 4 tum ovaler eller rektanglar, torrkladdade

INSTRUKTIONER:

a) Värm oljan på medelvärme i en stor stekpanna.

b) Tillsätt schalottenlöken och koka tills den mjuknat, ca 3 minuter. Tillsätt svampen och koka, rör om då och då, tills svampen mjuknat, cirka 5 minuter.

c) Tillsätt Madiera , persilja, timjan och salta och koka tills vätskan nästan har avdunstat. Rör ner brödtärningarna och smaka av med salt och peppar. Ställ åt sidan för att svalna.

d) Lägg smördegsarket på en stor bit plastfilm på en plan arbetsyta. Toppa med ytterligare en bit plastfolie och använd en kavel för att kavla ut degen något för att jämna ut. Skär degen i fjärdedelar.

e) Lägg 1 skiva seitan i mitten av varje bakverk. Dela fyllningen mellan dem och bred ut den så att den täcker seitanen. Toppa var och en med de återstående seitanskivorna. Vik upp degen för att omsluta fyllningen, krympa kanterna med fingrarna för att försegla.

f) Lägg bakverkspaketen, med sömssidan nedåt, på en stor, osmord bakplåt och ställ i kylen i 30 minuter.

g) Värm ugnen till 400°F. Grädda tills skorpan är gyllenbrun, ca 20 minuter. Servera omedelbart.

43. Kyckling och svamp En Croûte

INGREDIENSER:
- 4 kycklingbröst
- Salt och svartpeppar efter smak
- Olivolja
- 1 dl svamp, skivad
- 2 vitlöksklyftor, hackade
- Smördegsark
- Färskost
- Färska timjanblad
- 1 ägg (för äggtvätt)

INSTRUKTIONER:
a) Värm ugnen till 400°F (200°C).
b) Krydda kycklingbrösten med salt och svartpeppar.
c) Fräs svamp och vitlök i en panna i olivolja tills de är mjuka.
d) Kavla ut smördegen och bred ut ett lager färskost.
e) Lägg ett kycklingbröst ovanpå, skeda svamp över och strö över färsk timjan.
f) Vik smördegen över kycklingen, täta kanterna.
g) Vispa ägget och pensla det över smördegen.
h) Grädda i 25-30 minuter eller tills degen är gyllenbrun.

44. Grönsak En Croûte

INGREDIENSER:

- 1 aubergine, skivad
- 2 zucchinis, skivade
- 1 röd paprika, skivad
- Olivolja
- Salt och svartpeppar efter smak
- Smördegsark
- Pesto sås
- Fetaost, smulad
- 1 ägg (för äggtvätt)

INSTRUKTIONER:

a) Värm ugnen till 400°F (200°C).
b) Kasta aubergine, zucchini och röd paprikaskivor i olivolja, salt och svartpeppar.
c) Kavla ut smördegen och bred ut ett lager pestosås.
d) Lägg grönsaksskivorna på den pestobelagda degen, strö över smulad fetaost.
e) Vik smördegen över grönsakerna, täta kanterna.
f) Vispa ägget och pensla det över smördegen.
g) Grädda i 20-25 minuter eller tills degen är gyllenbrun.

45. Beef and Blue Cheese En Croûte

INGREDIENSER:
- 1 lb oxfilé, tunt skivad
- Salt och svartpeppar efter smak
- Olivolja
- Smördegsark
- Blåmögelost, smulad
- Karamelliserad lök
- 1 ägg (för äggtvätt)

INSTRUKTIONER:
a) Värm ugnen till 400°F (200°C).
b) Krydda nötköttsskivorna med salt och svartpeppar.
c) Bryn nötköttskivorna i en panna i olivolja tills de fått färg.
d) Kavla ut smördegen och lägg på ädelost.
e) Lägg nötköttsskivor ovanpå , lägg på karamelliserad lök .
f) Vik smördegen över nötköttet och löken, förslut kanterna.
g) Vispa ägget och pensla det över smördegen.
h) Grädda i 20-25 minuter eller tills degen är gyllenbrun.

46.Spenat och Feta En Croûte

INGREDIENSER:
- Smördegsark
- 2 dl färsk spenat, hackad
- 1 dl fetaost, smulad
- 1/4 kopp pinjenötter
- 2 vitlöksklyftor, hackade
- Olivolja
- Salt och svartpeppar efter smak
- 1 ägg (för äggtvätt)

INSTRUKTIONER:
a) Värm ugnen till 400°F (200°C).
b) Kavla ut smördegen och bred ut ett lager hackad färsk spenat.
c) Strö smulad fetaost, pinjenötter och hackad vitlök över spenaten.
d) Ringla över olivolja och smaka av med salt och svartpeppar.
e) Vik smördegen över fyllningen, täta kanterna.
f) Vispa ägget och pensla det över smördegen.
g) Grädda i 20-25 minuter eller tills degen är gyllenbrun.

47. Ratatouille En Croûte

INGREDIENSER:
- Smördegsark
- 1 aubergine, skivad
- 2 zucchinis, skivade
- 1 paprika, tärnad
- 1 lök, tärnad
- 2 tomater, skivade
- Olivolja
- Herbes de Provence
- Salt och svartpeppar efter smak
- 1 ägg (för äggtvätt)

INSTRUKTIONER:
a) Värm ugnen till 400°F (200°C).
b) Kavla ut smördeg och arrangera skivad aubergine, zucchini, paprika, lök och tomat på den.
c) Ringla över olivolja, strö över Herbes de Provence, salt och svartpeppar.
d) Vik smördegen över grönsakerna, täta kanterna.
e) Vispa ägget och pensla det över smördegen.
f) Grädda i 25-30 minuter eller tills degen är gyllenbrun.

48.Räkor och sparris En Croûte

INGREDIENSER:
- Smördegsark
- 1 lb räkor, skalade och deveirade
- 1 knippe sparris, putsad
- 2 msk olivolja
- Vitlökspulver
- Citronskal
- Salt och svartpeppar efter smak
- 1 ägg (för äggtvätt)

INSTRUKTIONER:
a) Värm ugnen till 400°F (200°C).
b) Kavla ut smördeg och lägg räkor och sparris på.
c) Ringla över olivolja, strö över vitlökspulver, citronskal, salt och svartpeppar.
d) Vik smördegen över räkorna och sparrisen, förslut kanterna.
e) Vispa ägget och pensla det över smördegen.
f) Grädda i 20-25 minuter eller tills degen är gyllenbrun.

49. Apple och Brie En Croûte

INGREDIENSER:
- Smördegsark
- 2 äpplen, tunt skivade
- Brieost, skivad
- 1/4 kopp honung
- 1/4 kopp hackade valnötter
- Kanel
- 1 ägg (för äggtvätt)

INSTRUKTIONER:
a) Värm ugnen till 400°F (200°C).
b) Kavla ut smördeg och lägg skivade äpplen och Brie på.
c) Ringla över honung, strö över hackade valnötter och en skvätt kanel.
d) Vik smördegen över äpplena och Brie, täta kanterna.
e) Vispa ägget och pensla det över smördegen.
f) Grädda i 20-25 minuter eller tills degen är gyllenbrun.

50. Brie En Croûte

INGREDIENSER:
- 1 hjul brieost (ca 8 uns)
- 1 plåt smördeg, tinad
- 2-3 matskedar fruktkonserver (aprikos, fikon eller hallon fungerar bra)
- 1 ägg (för äggtvätt)
- Kex eller skivad baguette (för servering)

INSTRUKTIONER:
a) Värm ugnen till 400°F (200°C).
b) Kavla ut smördegen på en lätt mjölad yta, se till att den är tillräckligt stor för att helt omsluta Brie.
c) Placera hjulet av Brie i mitten av smördegen.
d) Fördela fruktkonserver över toppen av Brie. Du kan använda baksidan av en sked för att försiktigt fördela den jämnt.
e) Vik smördegen över Brien och omslut den helt. Täta kanterna genom att trycka ihop dem.
f) Vispa upp ägget och pensla det över hela ytan på smördegen. Detta kommer att ge den en vacker gyllene färg när den är gräddad.
g) Lägg den inlindade Brien på en bakplåtspappersklädd plåt.
h) Grädda i den förvärmda ugnen i 20-25 minuter eller tills smördegen är gyllenbrun och knaprig.
i) Tillåt Brie En Croûte svalna några minuter innan servering.
j) Servera med kex eller skivad baguette. Du kan också ringla ytterligare fruktkonserver över toppen för extra sötma.
k) Njut av den sliskiga, smältande godheten av Brie insvept i flingigt smördeg!
l) Denna Brie En Croûte är en elegant och tilltalande aptitretare för olika tillfällen.

51. Rustik Pâté en Croûte

INGREDIENSER:
FÖR PÂTÉEN:
- 1 lb fläskaxel, finmalen
- 1/2 lb kycklinglever, putsade
- 1/2 dl bacon, finhackad
- 1 liten lök, finhackad
- 2 vitlöksklyftor, hackade
- 1 tsk torkad timjan
- 1 tsk torkad rosmarin
- 1/2 kopp konjak
- Salt och svartpeppar efter smak
- 1 ägg (för äggtvätt)

FÖR SKORPA:
- 2 ark smördeg, tinat
- Dijon senap

INSTRUKTIONER:
FÖR PÂTÉEN:
a) Värm ugnen till 375°F (190°C).
b) Fräs baconet i en panna tills det börjar bli knaprigt. Tillsätt lök och vitlök och koka tills det mjuknat.
c) Tillsätt malet fläsk, kycklinglever, timjan, rosmarin, salt och svartpeppar i pannan. Koka tills köttet är brynt.
d) Häll i konjak och låt puttra i några minuter tills det mesta av vätskan avdunstat. Låt blandningen svalna.

FÖR SKORPA:
e) Kavla ut ett ark smördeg på en lätt mjölad yta.
f) Bred ett tunt lager dijonsenap över degen.
g) Lägg den avsvalnade patéblandningen längs mitten av degen.
h) Kavla ut det andra arket smördeg och lägg det över patéblandningen.
i) Försegla kanterna på bakverket, se till att det inte finns några öppningar.
j) Vispa ägget och pensla det över hela ytan av degen för en gyllene finish.
k) Använd en kniv för att skapa dekorativa mönster på bakverket.
l) Placera Pâté en Croûte på en plåt klädd med bakplåtspapper.
m) Grädda i den förvärmda ugnen i 35-40 minuter eller tills degen är gyllenbrun.
n) Tillåt Rustic Pâté en Croûte svalna en stund innan du skär upp den.
o) Servera Rustic Pâté en Croûte med cornichons, dijonsenap och knaprigt bröd för en härlig aptitretare. Njut av de rika och salta smakerna!

52.Filet de Boeuf en Croûte

INGREDIENSER:
FÖR NÖTKÖTTET:
- 2 kg oxfilé
- Salt och svartpeppar efter smak
- 2 msk olivolja
- Dijon senap

FÖR SVAMP DUXELLES:
- 2 dl svamp, finhackad
- 2 msk smör
- 2 vitlöksklyftor, hackade
- Salt och svartpeppar efter smak
- 2 msk färska timjanblad

FÖR MONTERING:
- Smördegsark
- Prosciutto skivor
- 1 ägg (för äggtvätt)

INSTRUKTIONER:
FÖR NÖTKÖTTET:
a) Värm ugnen till 400°F (200°C).
b) Krydda oxfilén med salt och svartpeppar.
c) Värm olivolja på medelhög värme i en panna. Bryn oxfilén tills den fått färg på alla sidor. Ställ åt sidan för att svalna.
d) När det svalnat, pensla köttet med dijonsenap.

FÖR SVAMP DUXELLES:
e) Smält smör på medelvärme i samma panna. Tillsätt hackad vitlök och fräs tills det doftar.
f) Tillsätt hackad svamp i pannan och koka tills de släpper fukten.
g) Krydda med salt och svartpeppar. Rör ner färsk timjan och koka tills blandningen är väl blandad. Låt den svalna.

FÖR MONTERING:
h) Kavla ut smördegen på en ren yta.
i) Varva prosciuttoskivor ovanpå smördegen, lite överlappande.
j) Bred ett tunt lager av svampduxelles över prosciutton.
k) Lägg den dijonborstade oxfilén ovanpå duxellerna.

l) Rulla smördegen över nötköttet och duxelles , täta kanterna. Du kan skapa ett gallermönster ovanpå om så önskas.
m) Vispa ägget och pensla det över smördegen för en gyllene finish.
n) Placera den inslagna Filet de Boeuf en Croûte på en plåt och grädda i 25-30 minuter eller tills degen är gyllenbrun.
o) Tillåt Filet de Boeuf en Croûte att vila några minuter innan du skär upp. Servera med en rödvinsreduktion eller din favoritsås. Njut av denna franskinspirerade Beef Wellington!

53. Duck Pâté en Croûte

INGREDIENSER:
FÖR ANDFYLLNING:
- 1 pund ankkött, finmalet
- 1/2 lb fläskaxel, finmalen
- 1/2 dl anklever, finhackad
- 1 liten lök, finhackad
- 2 vitlöksklyftor, hackade
- 2 msk konjak
- 1 tsk torkad timjan
- 1 tsk torkad rosmarin
- Salt och svartpeppar efter smak

FÖR SKORPA:
- 2 ark smördeg, tinat
- 1 ägg (för äggtvätt)

INSTRUKTIONER:
FÖR ANDFYLLNING:
a) Värm ugnen till 375°F (190°C).
b) I en stor mixerskål, kombinera malen anka, malet fläsk, hackad anklever, hackad lök, hackad vitlök, konjak, torkad timjan, torkad rosmarin, salt och svartpeppar. Blanda väl tills alla ingredienser är jämnt fördelade.
c) Koka en liten mängd av blandningen i en panna efter smak för smaksättning. Justera salt och peppar om det behövs.

FÖR SKORPA:
d) Kavla ut ett ark smördeg på en lätt mjölad yta. Detta kommer att vara basen.
e) Lägg hälften av ankblandningen ovanpå den utkavlade smördegen och forma den till en stockform längs mitten.
f) Kavla ut det andra arket smördeg och lägg det över ankblandningen, täta kanterna. Putsa eventuellt överflödigt bakverk om det behövs.
g) Vispa ägget och pensla det över hela ytan av smördegen för en gyllene finish.
h) Använd en kniv för att skapa dekorativa mönster på bakverket.
i) Placera Duck Pâté sv Croûte på en plåt klädd med bakplåtspapper.

j) Grädda i den förvärmda ugnen i 35-40 minuter eller tills degen är gyllenbrun och innertemperaturen når minst 160°F (71°C).
k) Tillåt Duck Pâté en Croûte svalna en stund innan du skär upp den.
l) Servera Ankpastej en Croûte med knaprigt bröd, dijonsenap och pickles för en elegant förrätt eller en del av en charkuteribräda. Njut av de rika och salta smakerna av denna klassiska franska rätt!

54. Kyckling sv Croûte med Salami, Swiss & Blue Cheese

INGREDIENSER:
FÖR Kycklingfyllningen:
- 4 benfria, skinnfria kycklingbröst
- Salt och svartpeppar efter smak
- 2 dl färsk spenat, hackad
- 1/2 kopp kryddig salami, tunt skivad
- 1/2 kopp schweizisk ost, strimlad
- 1/4 kopp ädelost, smulad
- 2 vitlöksklyftor, hackade
- 2 msk olivolja

FÖR MORDDEGEN:
- 2 ark smördeg, tinat
- Dijon senap

FÖR MONTERING:
- 1 ägg (för äggtvätt)

INSTRUKTIONER:
FÖR Kycklingfyllningen:
a) Värm ugnen till 400°F (200°C).
b) Krydda kycklingbrösten med salt och svartpeppar.
c) Värm olivolja på medelhög värme i en panna. Fräs hackad vitlök tills den doftar.
d) Tillsätt hackad spenat i pannan och koka tills den har vissnat. Ta bort från värmen och låt det svalna.
e) Lägg ut kycklingbrösten och platta till dem något med en köttklubba.
f) Bred dijonsenap på varje kycklingbröst.
g) Fördela den sauterade spenaten, kryddig salami, schweizerost och ädelost jämnt över varje kycklingbröst.
h) Rulla ihop varje kycklingbröst för att omsluta fyllningen. Säkra med tandpetare om det behövs.

FÖR MORDDEGEN:
i) Kavla ut ett ark smördeg på en lätt mjölad yta.
j) Lägg de ihoprullade kycklingbrösten längs mitten av smördegen.
k) Kavla ut det andra arket smördeg och lägg det över kycklingen, täta kanterna. Putsa eventuellt överflödigt bakverk om det behövs.

l) Vispa ägget och pensla det över hela ytan av smördegen för en gyllene finish.
m) Använd en kniv för att skapa dekorativa mönster på bakverket.
n) Placera kycklingen sv Croûte på en plåt klädd med bakplåtspapper.
o) Grädda i den förvärmda ugnen i 25-30 minuter eller tills degen är gyllenbrun och kycklingens innertemperatur når 165°F (74°C).
p) Låt kycklingen sv Croûte att vila några minuter innan du skär upp.

55. Air Fryer Lax en Croûte

INGREDIENSER:
FÖR LAXEN:
- 4 laxfiléer
- Salt och svartpeppar efter smak
- 1 msk dijonsenap
- 1 msk olivolja
- Citronskal

FÖR MORDDEGEN:
- 2 ark smördeg, tinat
- Mjöl för att pudra
- 1 ägg (för äggtvätt)

INSTRUKTIONER:
FÖR LAXEN:
a) Förvärm din airfryer till 375°F (190°C).
b) Krydda laxfiléerna med salt, svartpeppar och en klick olivolja.
c) Bred ut ett tunt lager dijonsenap på varje laxfilé.
d) Strö citronskal över den senapsbelagda laxen.

FÖR MORDDEGEN:
e) Kavla ut smördegsarken på en lätt mjölad yta.
f) Skär varje ark i en storlek som är tillräckligt stor för att slå in en laxfilé.
g) Lägg en laxfilé i mitten av varje smördegsbit.
h) Vik smördegen över laxen, täta kanterna. Putsa eventuellt överflödigt bakverk om det behövs.
i) Vispa ägget och pensla det över hela ytan av smördegen för en gyllene finish.
j) Överför försiktigt de inslagna laxfiléerna till air fryer-korgen.
k) Luftstek vid 375°F (190°C) i 15-20 minuter eller tills smördegen är gyllenbrun och laxen är genomstekt.
l) Låt Air Fryer Salmon sv Croûte att vila några minuter innan servering.

56. Nepalesisk regnbåge en Croûte

INGREDIENSER:
FÖR öringen:
- 4 regnbågsfiléer
- Salt och svartpeppar efter smak
- 1 matsked vegetabilisk olja
- 1 tsk malen spiskummin
- 1 tsk mald koriander
- 1 tsk gurkmeja
- 1 tsk garam masala
- 1 tsk chilipulver (anpassa efter smak)
- Saft av 1 lime

FÖR MORDDEGEN:
- 2 ark smördeg, tinat
- Mjöl för att pudra
- 1 ägg (för äggtvätt)

FÖR FYLLNING:
- 1 kopp kokt basmatiris
- 1/2 kopp ärtor, kokta
- 1/2 kopp hackad koriander
- 1/2 kopp hackad mynta
- 1/4 kopp rostade cashewnötter, hackade
- Salt och svartpeppar efter smak

INSTRUKTIONER:
FÖR öringen:
a) Värm ugnen till 400°F (200°C).
b) Torka av öringfiléerna med hushållspapper och krydda med salt och svartpeppar.
c) I en liten skål, blanda ihop malen spiskummin, mald koriander, gurkmeja, garam masala, chilipulver och limejuice för att bilda en kryddpasta.
d) Gnid in kryddpastan över båda sidorna av varje öringfilé.
e) Värm vegetabilisk olja i en panna på medelhög värme. Bryn öringfiléerna 1-2 minuter på varje sida, bara för att bryna utsidan. Avlägsna från värme.

FÖR FYLLNING:

f) I en skål, kombinera kokt basmatiris, ärtor, hackad koriander, hackad mynta och rostade cashewnötter. Krydda med salt och svartpeppar. Blanda väl.

FÖR MORDDEGEN:

g) Kavla ut smördegsarken på en lätt mjölad yta.
h) Lägg en del av ris- och örtfyllningen i mitten av varje smördegsbit.
i) Lägg en stekt öringfilé ovanpå risfyllningen.
j) Vik smördegen över öringen, täta kanterna. Putsa eventuellt överflödigt bakverk om det behövs.
k) Vispa ägget och pensla det över hela ytan av smördegen för en gyllene finish.

BAKNING:

l) Överför försiktigt den inslagna öringen till en bakplåtspappersklädd plåt.
m) Grädda i den förvärmda ugnen i 20-25 minuter eller tills smördegen är gyllenbrun.
n) Tillåt den nepalesiska regnbågsforellen sv Croûte att vila några minuter innan servering.

57.Granatäpple Brie en Croûte

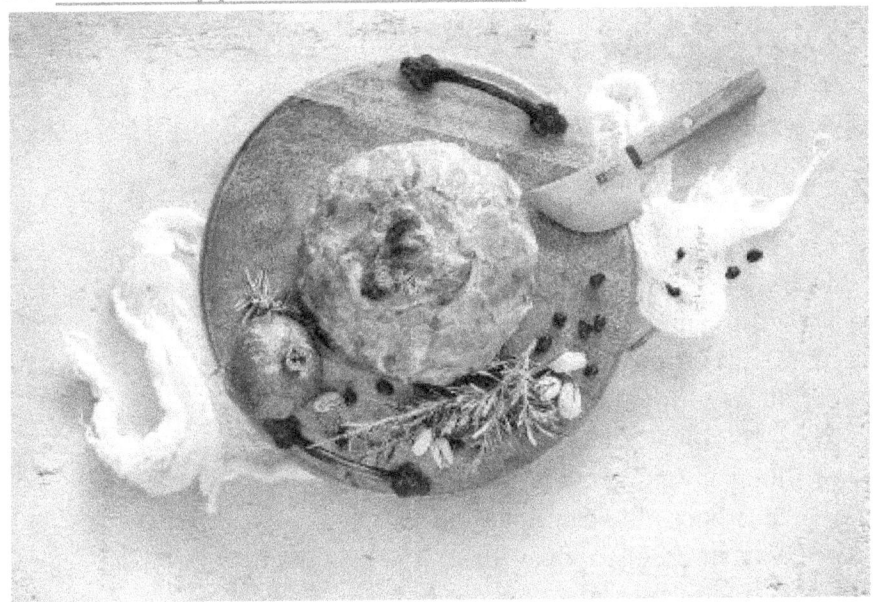

INGREDIENSER:
- 1 hjul brieost (ca 8 uns)
- 1 plåt smördeg, tinad
- 1/2 kopp granatäpplekärnor
- 1/4 kopp honung
- 1/4 kopp hackade pekannötter eller valnötter
- 1 ägg (för äggtvätt)

INSTRUKTIONER:
a) Värm ugnen till 400°F (200°C).
b) Kavla ut smördegen på en lätt mjölad yta.
c) Placera hjulet av Brie i mitten av smördegen.
d) Strö granatäpplekärnor jämnt över Brien.
e) Ringla honung över granatäpplekärnorna.
f) Strö hackade nötter över honungen.
g) Vik smördegen över Brie, försegla kanterna. Putsa eventuellt överflödigt bakverk om det behövs.
h) Vispa ägget och pensla det över hela ytan av smördegen för en gyllene finish.
i) Använd en kniv för att skapa dekorativa mönster på bakverket.
j) Överför försiktigt Granatäpple Brie sv Croûte till en plåt klädd med bakplåtspapper.
k) Grädda i den förvärmda ugnen i 20-25 minuter eller tills smördegen är gyllenbrun.
l) Låt Granatäpple Brie sv Croûte att vila några minuter innan servering.

58. Hälleflundra en Croûte med dragon citronkräm

INGREDIENSER:

FÖR HELLEFFLUDEN:
- 4 hälleflundrafiléer (6 uns vardera)
- Salt och svartpeppar efter smak
- 1 msk olivolja
- 1 msk dijonsenap
- 1 msk färsk citronsaft

FÖR MORDDEGEN:
- 2 ark smördeg, tinat
- Mjöl för att pudra
- 1 ägg (för äggtvätt)

FÖR DRAGON CITRONKRÄMEN:
- 1 kopp tung grädde
- Skal av 1 citron
- 1 msk färsk citronsaft
- 2 msk färsk dragon, hackad
- Salt och svartpeppar efter smak

INSTRUKTIONER:

FÖR HELLEFFUNDEN:
a) Värm ugnen till 400°F (200°C).
b) Krydda hälleflundrafiléerna med salt och svartpeppar.
c) Blanda olivolja, dijonsenap och färsk citronsaft i en liten skål.
d) Pensla hälleflundrafiléerna med senaps- och citronblandningen.

FÖR MORDDEGEN:
e) Kavla ut smördegsarken på en lätt mjölad yta.
f) Lägg en hälleflundrafilé i mitten av varje smördegsbit.
g) Kavla ut det andra arket smördeg och lägg det över hälleflundrafiléerna, täta kanterna. Putsa eventuellt överflödigt bakverk om det behövs.
h) Vispa ägget och pensla det över hela ytan av smördegen för en gyllene finish.

BAKNING:
i) Överför försiktigt den inlindade hälleflundran till en bakplåtspappersklädd plåt.

j) Grädda i den förvärmda ugnen i 20-25 minuter eller tills smördegen är gyllenbrun och hälleflundran är genomstekt.

FÖR DRAGON CITRONKRÄMEN:
k) Värm den tunga grädden på medelvärme i en kastrull.
l) Tillsätt citronskal, citronsaft, hackad dragon, salt och svartpeppar. Blanda väl.
m) Sjud gräddblandningen i några minuter tills den tjocknar något.

HOPSÄTTNING:
n) En gång hälleflundran sv Croûte är gräddad, låt vila några minuter.
o) Servera hälleflundran på en tallrik, droppad med Dragon Citron Cream.
p) Garnera med ytterligare färsk dragon om så önskas.

59. Havsöring Coulibiac en Croûte

INGREDIENSER:
FÖR HAVSÖREN:
- 4 havsöringsfiléer (ca 6 uns vardera)
- Salt och svartpeppar efter smak
- Citronsaft för marinering

FÖR RISFYLLNING:
- 1 kopp jasminris, kokt
- 1 liten lök, finhackad
- 2 matskedar smör
- 1 dl svamp, finhackad
- 1/2 kopp spenat, hackad
- 1 msk färsk dill, hackad
- Salt och svartpeppar efter smak

FÖR MONTERING:
- 2 ark smördeg, tinat
- Mjöl för att pudra
- Dijonsenap för borstning
- 1 ägg (för äggtvätt)

INSTRUKTIONER:
FÖR HAVSÖREN:
a) Krydda havsöringfiléerna med salt, svartpeppar och en skvätt citronsaft. Låt dem marinera i minst 15 minuter.

FÖR RISFYLLNING:
b) Fräs hackad lök i smör i en panna tills den är mjuk.
c) Tillsätt hackad svamp i pannan och koka tills de släpper fukten.
d) Rör ner kokt jasminris, hackad spenat och färsk dill. Krydda med salt och svartpeppar. Koka tills blandningen är väl blandad. Låt den svalna.

FÖR MONTERING:
e) Värm ugnen till 400°F (200°C).
f) Kavla ut smördegsarken på en lätt mjölad yta.
g) Lägg en plåt på en plåt klädd med bakplåtspapper.
h) Pensla smördegen med dijonsenap.
i) Fördela hälften av risfyllningen över smördegen.
j) Lägg de marinerade havsöringsfiléerna ovanpå risfyllningen.

k) Täck öringen med resterande risfyllning.
l) Kavla ut det andra arket smördeg och lägg det över fyllningen, täta kanterna. Putsa eventuellt överflödigt bakverk om det behövs.
m) Vispa ägget och pensla det över hela ytan av smördegen för en gyllene finish.
n) Använd en kniv för att skapa dekorativa mönster på bakverket.
o) Grädda i den förvärmda ugnen i 25-30 minuter eller tills smördegen är gyllenbrun.
p) Tillåt Ocean Trout Coulibiac sv Croûte att vila några minuter innan du skär upp.

60. Mango Chicken En Croûte

INGREDIENSER:
- 4 kycklingbröst
- Salt och svartpeppar efter smak
- 1 kopp tärnad mango
- 1/2 dl riven kokos
- 1/4 kopp hackad koriander
- 1 msk currypulver
- 2 ark smördeg, tinat
- 1 ägg (för äggtvätt)

INSTRUKTIONER:
a) Krydda kycklingbröst med salt, svartpeppar och currypulver. Bryn dem tills de är gyllene.
b) Blanda tärnad mango, riven kokos och hackad koriander.
c) Lägg kycklingen på smördegen, toppa med mangoblandningen och slå in.
d) Grädda tills de är gyllenbruna.

61. Caprese En Croûte

INGREDIENSER:

- 4 stora tomater, skivade
- 8 uns färsk mozzarella, skivad
- Färska basilikablad
- Salt och svartpeppar efter smak
- 2 ark smördeg, tinat
- Balsamicoglasyr för duggregn
- 1 ägg (för äggtvätt)

INSTRUKTIONER:

a) Varva tomatskivor, färsk mozzarella och basilikablad på smördeg.
b) Krydda med salt och svartpeppar. Vik degen över lagren, förslut och grädda tills den är gyllene. Ringla över balsamicoglasyr innan servering.

62. Pesto Räkor En Croûte

INGREDIENSER:

- 1 pund stora räkor, skalade och deveirade
- 1/2 kopp pestosås
- Skal av 1 citron
- 2 ark smördeg, tinat
- Citronaioli till doppning
- 1 ägg (för äggtvätt)

INSTRUKTIONER:

a) Kasta räkor med pesto och citronskal. Lägg räkor på smördeg, vik och förslut.
b) Grädda tills de är gyllenbruna. Servera med citronaioli till doppning.

63. Butternut Squash och Sage En Croûte

INGREDIENSER:

- 1 liten butternut squash, skalad och tärnad
- Färska salviablad
- Salt och svartpeppar efter smak
- 2 msk lönnsirap
- 2 ark smördeg, tinat
- 1 ägg (för äggtvätt)

INSTRUKTIONER:

a) Rosta butternut squash med salvia, salt och svartpeppar. Lägg blandningen på smördeg, vik ihop och förslut.
b) Grädda tills de är gyllene. Ringla över lönnsirap innan servering.

64. Fikon- och getost En Croûte

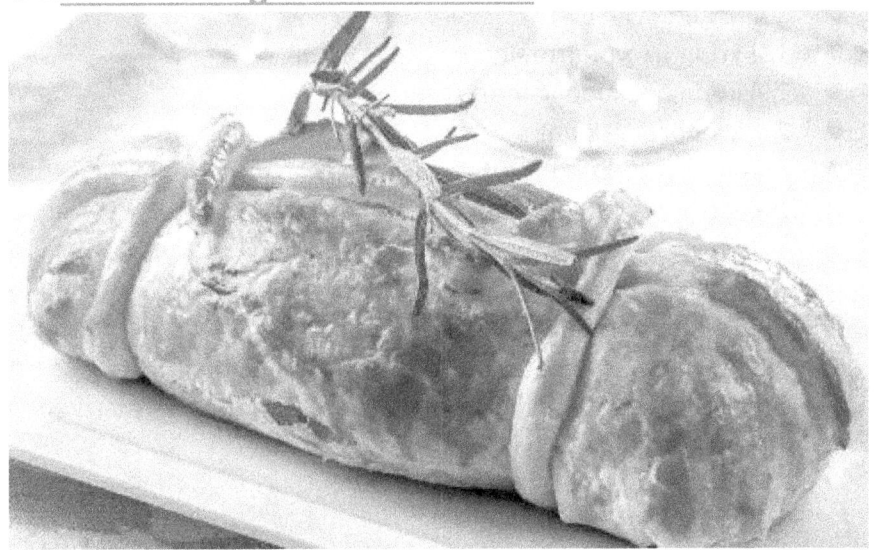

INGREDIENSER:
- 1 hjul getost
- 1/2 kopp fikonmarmelad
- 1/4 kopp hackade valnötter
- 2 ark smördeg, tinat
- Balsamic reduktion för duggregn
- 1 ägg (för äggtvätt)

INSTRUKTIONER:
a) Bred fikonmarmelad på smördegen, lägg getosten i mitten, strö över hackade valnötter och slå in.
b) Grädda tills de är gyllene. Ringla över balsamico före servering.

65. Svamp- och tryffelolja En Croûte

INGREDIENSER:

- 2 dl blandade svampar, finhackade
- 2 msk tryffelolja
- 1/4 kopp riven parmesan
- 2 ark smördeg, tinat
- 1 ägg (för äggtvätt)

INSTRUKTIONER:

a) Fräs svampen i tryffelolja tills den är mjuk. Blanda med riven parmesan.
b) Lägg på smördegen, vik ihop och förslut. Grädda tills de är gyllene.

66.Sötpotatis och fetaost En Croûte

INGREDIENSER:

- 2 dl sötpotatis, mosad
- 1/2 dl smulad fetaost
- 1 msk hackad färsk rosmarin
- 2 ark smördeg, tinat
- Honung för duggregn
- 1 ägg (för äggtvätt)

INSTRUKTIONER:

a) Blanda sötpotatismos med fetaost och rosmarin. Lägg på smördegen, vik ihop och förslut.
b) Grädda tills de är gyllene. Ringla över honung innan servering.

67. Prosciutto-lindad Sparris En Croûte

INGREDIENSER:

- 1 knippe sparris, blancherad
- Tunt skivad prosciutto
- Skal av 1 citron
- 2 ark smördeg, tinat
- 1 ägg (för äggtvätt)

INSTRUKTIONER:

a) Varva sparrisspjut med prosciutto. Lägg på smördegen, vik ihop och förslut.
b) Grädda tills de är gyllene. Strö över citronskal före servering.

STRUDELS

68.Bräserad fläskstrudel med grön äppelmos

INGREDIENSER:

- 4 matskedar ister
- 2 pund fläskaxel, skuren i 1/8-tums tärningar och kryddad med salt och peppar
- 2 morötter, tärningar i 1/4-tums tärningar
- 1 spansk lök, skuren i 1-tums tärningar
- 4 röda ungerska paprikor, skurna i 1/4-tums kuber
- 2 matskedar paprika
- 7 uns Speck, skuren i 1/4-tums kuber
- 1/4 matsked Malen kryddnejlika
- 1/4 tsk kanel
- 2 dl rött vin
- 1 recept strudel (se grundrecept)
- 2 äggulor, vispade
- 1 Recept grön äppelmos

INSTRUKTIONER:

a) Värm ister i en tjockbottnad gryta tills det ryker. Tillsätt fläskbitar, 5 eller 6 åt gången, och koka tills de är gyllenbruna. Ta bort och tillsätt morötter, lök, paprika, paprika, fläck, kryddnejlika, kanel och koka tills de mjuknat, cirka 8 till 10 minuter.

b) Tillsätt vin och låt koka upp. Lägg tillbaka det brynta fläsket i grytan, koka upp, sänk sedan värmen och låt sjuda i 1½ timme tills köttet är väldigt mört. Krydda med salt och peppar och låt stå kallt i 4 timmar i kylen.

c) Värm ugnen till 375 F. Kavla ut strudeldegen till en 10 x 14-tums rektangel. Lägg den kalla fläskgrytan i mitten och rulla ihop som en strut.

d) Spara utskurna degbitar för att garnera struten med en design eller namnet på en älskad. Pensla med vispade äggulor, lägg på en plåt och grädda i 50 till 60 minuter tills de är gyllenbruna och rykande heta inuti.

e) Låt struten vila i 10 minuter och servera med grön äppelmos.

69. Kyckling och Andouille Strudels

INGREDIENSER:
- 1 matsked vegetabilisk olja
- 4 uns Andouillekorv, skuren i 1-tums tärningar
- 1/2 kopp hackad lök
- 1 msk hackad vitlök
- Salt och cayenne, efter smak
- 1/4 kopp vatten
- 1 kopp Sweet BBQ-sås
- 1 msk hackad persilja
- 3 msk riven parmigiano-reggianoost
- 4 ark filodeg

INSTRUKTIONER:
a) Värm ugnen till 375 grader F.
b) Tillsätt oljan i en stekpanna på medelvärme. Krydda kycklingen med Essence. När oljan är varm, tillsätt kycklingen och fräs i cirka 2 till 3 minuter under konstant omrörning.
c) Tillsätt andouillen och fräs i ytterligare 2 minuter. Blanda löken och vitlöken, fräs i 5 minuter. Krydda med salt och cayennepeppar.
d) Tillsätt vatten, 1/2 kopp BBQ-sås, persilja och ost. Sjud i 1 minut. Ta av från värmen och rör ner brödsmulorna. Låt blandningen svalna helt.
e) Stapla de fyra arken filodeg ovanpå varandra och skär alla i tredjedelar, vilket resulterar i 12 ark. Dela arken i fyra 3-arks högar, håll filon täckt med en fuktig handduk för att förhindra uttorkning.
f) Pensla lätt toppen av varje stapel med vegetabilisk olja. Placera 1/4 kopp av kycklingblandningen på den nedre kanten av varje filobunt.
g) Vik två sidor av filon mot mitten ca 1/4-tum. Börja längst ner, rulla ihop filon ordentligt, tryck på varje lager för att stänga. Pensla varje strut lätt med olja.
h) Klä en plåt med bakplåtspapper. Lägg strutarna på papperet, cirka 2 tum från varandra, och grädda i 15 minuter eller tills de är gyllenbruna.
i) Ta ut ur ugnen, skär varje strut på mitten diagonalt och servera var och en med den återstående BBQ-såsen och riven ost.

70.Languster Strudel med två såser

INGREDIENSER:

- 1 msk sesamolja
- 1 gul lök, finhackad
- 1 röd paprika, finhackad
- 1 gul paprika, finhackad
- 1 grön paprika, finhackad
- 1 knippe salladslök, skivad
- 6 uns Bok choy, julienned
- 4 uns konserverade bambuskott
- 2 uns Shiitakesvamp, skivad
- 2 morötter, finhackade
- 1 pund langustar
- 2 msk Hoisinsås
- 3 matskedar sojasås
- 2 matskedar färsk ingefära
- 2 vitlöksklyftor, hackade
- 1/2 tsk cayennepeppar
- 1/4 tsk Knäckt svartpeppar
- 1/4 tsk Rosa pepparkorn
- Salt att smaka
- 1 pund smält smör
- 1 pund filodeg

INSTRUKTIONER:

a) Värm sesamolja i en stor tjock kastrull. Tillsätt röd, gul och grön paprika och fräs tills den är mjuk.

b) Lägg till salladslök, bok choy, bambuskott, shiitakesvamp och morötter. Fortsätt att fräsa tills grönsakerna är mjuka.

c) Tillsätt kräftstjärtar, hoisinsås, sojasås, färsk ingefära, hackad vitlök, cayennepeppar, knäckt svartpeppar, rosa pepparkorn och salt efter smak. Koka tills blandningen är al dente. Låt rinna av och svalna i ett durkslag.

d) Värm ugnen till 350 grader F. Smält smör och lägg filoskivor på en arbetsyta. Pensla smält smör mellan arken (7 ark totalt).

e) Placera langustblandningen längst ner på filoarken. Rulla ihop hårt och förslut med smält smör.

f) Grädda i den förvärmda ugnen tills filodegen är gyllenbrun.

g) Förbered två såser och lägg dem på varje sida av tallriken. Servera kräftstrudeln ovanpå såserna.

h) Justera mängden ingefära efter smakpreferenser.

71. Rejäl laxstrudel med dill

INGREDIENSER:
- 1 pund laxfilé, 1 tum tjock, skalad
- Matlagningsspray med smörsmak
- 1/4 tsk salt
- 1/4 tsk vitlökspulver
- 1/4 tsk Nymalen peppar
- 1 1/4 koppar röd potatis i tärningar
- 3/4 kopp indunstad skummjölk
- 1/2 purjolök, tunt skivad
- 2 tsk vatten
- 1/2 tsk majsstärkelse
- 1 tsk torkad dill
- 3 msk riven parmesanost
- 8 ark filodeg

INSTRUKTIONER:
a) Lägg laxfilén på en broilerpanna belagd med matlagningsspray. Strö över salt, peppar och vitlökspulver. Stek tills fisken lätt flagnar. Skär i små bitar och ställ åt sidan.
b) Värm ugnen till 350°F.
c) Kombinera potatis, mjölk och purjolök i en liten kastrull. Koka upp. Täck över, minska värmen och låt sjuda i 10 minuter eller tills potatisen är mjuk.
d) I en liten skål, kombinera vatten och majsstärkelse. Tillsätt potatisblandningen. Tillsätt laxbitar, torkad dill och parmesanost. Rör försiktigt och ställ åt sidan.
e) Lägg ett filoark på en arbetsyta (täck över för att inte torka ut). Spraya lätt med matlagningsspray. Stapla ett annat ark ovanpå och spraya; upprepa med alla filoark.
f) Sked potatisblandningen längs den långa kanten, lämna en 2-tums kant. Vik över de korta kanterna på filon för att täcka ändarna på potatisblandningen. Börja vid långkanten (med bården), rulla ihop gelé-rulle- mode. Rulla inte för hårt.
g) Lägg struten, med sömssidan nedåt, på en gelérullpanna sprejad med matlagningsspray. Spraya struten lätt med matlagningsspray.
h) Grädda i 30 minuter eller tills de är gyllenbruna.
i) Servera och njut av denna rejäla laxstrudel med dill.

72.Lamm och torkad tomatstrudel

INGREDIENSER:

- 12 ark 17 x 12 tum filodeg
- 1 1/2 dl kokande vatten
- 1/2 kopp torkade tomater (ej förpackade i olja), ca 2 uns
- 1/2 pund svamp, tunt skivad
- 3/4 kopp Kalamata eller andra saltlagda svarta oliver eller urkärnade mogna svarta oliver, tunt skivade
- 1 msk olivolja
- 1 pund Malet lamm
- 1 tsk torkad rosmarin, smulad
- 1 tsk torkad basilika, smulad
- 1/2 tsk Torkade varma rödpepparflingor
- 1 1/2 koppar smulad fetaost, ca 8 uns
- 1/2 kopp riven mozzarella, ca 3 uns
- Cirka 5 matskedar olivolja (för borstning)
- Salta och peppra efter smak

INSTRUKTIONER:

a) Täck bunten filo-ark med 2 överlappande plastfolie och sedan en fuktig kökshandduk.

b) Gör fyllningen: Häll kokande vatten över tomaterna i en liten skål och låt stå i blöt i 5 minuter. Låt rinna av väl och skiva tunt.

c) I en stor tjock stekpanna, värm olivolja på måttligt hög värme tills den är varm men inte röker. Fräs svamp med salt och peppar efter smak under omrörning tills vätskan de avger har dunstat bort. Överför svamp till en stor skål.

d) Tillsätt malet lamm i stekpannan och koka, rör om och bryt upp eventuella klumpar, tills det inte längre är rosa. Överför lammet till skålen med svamp och kasta bort fettet.

e) Rör ner tomater, oliver, rosmarin, basilika och röd paprikaflingor i lammblandningen. Kyl i 10 minuter. Rör ner fetaost, mozzarella och salt och peppar efter smak.

f) Värm ugnen till 425°F och smörj lätt en stor grund bakplåt.

g) Stapla filon mellan 2 ark vaxpapper och täck med en torr kökshandduk. På en arbetsyta, arrangera två 20-tums långa ark vaxpapper med långsidorna som överlappar något och är vända mot dig. Lägg 1 ark filo på vaxpapper och pensla lätt med olja. Varva och borsta ytterligare 5 ark filo på samma sätt. (Oljed filobunt bör vara 6 ark tjock.)

h) Sprid hälften av fyllningen i en 3-tums bred remsa, gjut den, på filon 4 inches ovanför den nära långsidan, lämna en 2-tums kant i varje ände.

i) Använd vaxpapper som en guide, lyft de nedre 4 tum av bakverk över fyllningen, vik in ändarna och rulla ihop struten. Överför försiktigt struten, med sömssidan nedåt, till bakformen och pensla lätt med olja. Gör en annan strudel med de återstående ingredienserna på samma sätt.

j) Grädda strudel i mitten av ugnen i 25 minuter, eller tills de är gyllene. Kyl strudel att värma i pannan på galler.

k) Skär struts i 1-tums skivor med en tandad kniv och servera skivorna varma.

l) Njut av denna smakrika lamm- och torkade tomatstrudel!

73.Marockansk grönsaksstrudel

INGREDIENSER:

- 1 lök, skivad
- 2 huvuden vitlök, putsade
- 2 morötter, skivade
- 1 röd paprika, skuren i bitar
- 1 sötpotatis, skalad och skuren
- 1 rotselleri, skalad och skuren
- 2 plommontomater, skurna i 8 klyftor
- 1/4 kopp olivolja (50 ml)
- 2 tsk salt (10 ml)
- 2 koppar kokt couscous, ris eller vetebär (500 ml)
- 1 matsked färsk timjan (15 ml)
- 2 matskedar vatten (25 ml)
- 1/2 kopp ströbröd (125 ml)
- 6 uns getost, smulad (valfritt) (175 g)
- 1/4 kopp hackad färsk basilika (50 ml)
- 10 ark filodeg
- 1/3 kopp osaltat smör, smält (eller olivolja) (75 ml)

INSTRUKTIONER:

a) Lägg grönsakerna på en bakplåtspappersklädd plåt. Ringla över olivolja och strö över salt och timjan. Rosta i en ugn på 425°F/210°C i 50 till 60 minuter eller tills grönsakerna är väldigt mjuka.

b) Pressa ut vitlöken ur skalet och kombinera med grönsaker, kokt spannmål, getost (om du använder) och basilika.

c) Ordna två ark filo separat på kökshanddukar. Täck resterande filon med plastfolie.

d) Pensla filoplattor med smält smör (blandat med vatten) och strö över ströbröd. Upprepa med den återstående filonen, gör två högar med 5 ark vardera.

e) Lägg grönsaksblandningen längs ena långsidan av filon och rulla ihop.

f) Överför försiktigt till en bakplåt. Gör diagonala snedstreck genom det översta lagret av bakverk. Grädda i 200 °C i 30 till 40 minuter tills de fått fin färg.

CHARMOULASÅS:

g) Kombinera 1 hackad vitlöksklyfta med 1 tsk (5 mL) vardera malen spiskummin och paprika och 1/2 tsk (2 mL) cayennepeppar.

h) Rör ner 1/2 kopp (125 ml) majonnäs eller yoghurtost eller en kombination. Tillsätt 1 msk (15 mL) citronsaft och 2 msk (25 mL) hackad färsk koriander.

i) Servera de marockanska grönsaksstrudelskivorna med Charmoulasås . Njut av!

74. Rökt lax & Brie Strudel

INGREDIENSER:
- 1/2 kopp torkad mald senap
- 1/2 kopp vitt strösocker
- 1/4 kopp risvinsvinäger
- 1/4 kopp beredd gul senap
- 1 msk sesamolja
- 2 msk sojasås
- 1 1/2 tsk paprika
- 1/4 tsk cayennepeppar
- 3 ark filodeg
- 1/4 kopp smält smör
- 1/4 kopp hackade färska milda örter
- 1 hjul brieost (8 oz)
- 1/2 pund skivad rökt lax
- 1 baguette, skivad i 1/2-tums bitar och lätt rostad

INSTRUKTIONER:
a) Värm ugnen till 400 grader.
b) Vispa ihop torkad mald senap, socker, risvinäger, gul senap, sesamolja, sojasås, paprika och cayenne i en bunke. Ställ blandningen åt sidan.
c) Lägg de tre filodegsbitarna på en plan yta. Pensla ändarna på degen med smält smör.
d) I mitten av filodegen breder du ut lite av senapsblandningen. Strö cirkeln av senapsblandningen med de hackade örterna.
e) Krydda laxen med salt och peppar. Linda hjulet av Brie med den skivade laxen, låt skivorna överlappa varandra. Slå in osten som ett paket.
f) Placera den laxlindade Brien i mitten av senaps-/örtcirkeln. Vik in två av filodegens ändar mot mitten. Vik in de återstående ändarna och bilda ett paket. Täta helt.
g) Vänd ut degen på en bakplåtspappersklädd plåt, med de vikta kanterna ovanpå bakplåtspappret.
h) Pensla degen lätt med det återstående smälta smöret.
i) Sätt in formen i ugnen och grädda tills den är gyllenbrun, cirka 10 till 12 minuter.
j) Ta ut ur ugnen och svalna något innan du skär upp. Servera på krouter med resterande senapssås.
k) Njut av din läckra Rökt Lax & Brie Strudel!

75. Rökt öring och grillad äppelstrudel

INGREDIENSER:

- 2 Granny Smith-äpplen, kärnade ur och skär i 1/2" ringar
- 1 msk olivolja
- Salta och peppra, efter smak
- 1/2 pund Rökt öring, flingad i små bitar
- 2 matskedar Schalottenlök, hackad
- 1/4 kopp färskost, rumstemperatur
- 2 msk gräslök, finhackad
- 5 ark filodeg
- 1/2 kopp smör, smält

INSTRUKTIONER:

a) Förvärm grillen. Värm ugnen till 400 grader.
b) Släng äpplena med olivolja och smaka av med salt och peppar. Lägg på grillen och stek i 2 minuter på varje sida. Ta bort från grillen och skär äpplena i små tärningar.
c) I en mixerskål, kombinera de tärnade äpplena, rökt öring och hackad schalottenlök. Bind blandningen med färskost. Rör ner gräslöken. Krydda med salt och peppar.
d) Pensla varje filoark med smält smör. Bred ut 1/3 av filon med äppel-öringfyllningen.
e) Med fyllningsänden mot dig, rulla upp struten som en gelérulle. Lägg på en bakplåtspapperklädd plåt och pensla med resten av smöret.
f) Grädda i 15 minuter eller tills struten är gyllenbrun.
g) Skiva struten på biasen och lägg upp på ett fat. Garnera med gräslök och Essence.
h) Njut av din härliga rökta öring och grillade äppelstrudel!

76.Vild svamp Strudel

INGREDIENSER:
- 1 msk olivolja
- 1 liten gul lök, hackad
- 2 schalottenlök, hackad
- 3 vitlöksklyftor, hackade
- 1 dl rött vin
- 4 koppar skivade vilda svampar
- 1/2 kopp nyriven parmesanost
- 1/3 kopp Mjuk, mild getost eller ricottaost
- 1/4 kopp rostat okryddat brödsmulor
- 2 tsk hackad färsk basilika
- 1 tsk hackad färsk rosmarin
- 1/2 tsk Knäckt svartpeppar
- Salt att smaka
- 4 ark filodeg
- 4 matskedar osaltat smör, smält
- Rostad röd paprika & basilikasås

INSTRUKTIONER:

a) Värm ugnen till 350 grader. Klä en plåt med bakplåtspapper.

b) För att göra fyllningen, värm olivolja i en stor stekpanna på hög värme tills den är väldigt varm. Tillsätt lök, schalottenlök och vitlök och fräs tills det doftar, cirka 1 minut.

c) Tillsätt rödvinet och reducera till hälften, ca 4 minuter. Tillsätt svampen och koka tills den precis är mjuk och det mesta av vätskan reduceras, 4 till 5 minuter. Ta av från värmen och låt fyllningen svalna något. Överför fyllningen till en stor skål och låt den svalna helt.

d) Vänd ner parmesan och getostar. Tillsätt brödsmulor, basilika, rosmarin och svartpeppar. Blanda väl, smaka av med salt och ställ åt sidan.

e) Lägg 2 ark filodeg på en ren, torr arbetsyta och pensla generöst det övre arket med smält smör. Lägg ytterligare 2 filoark ovanpå och pensla igen det översta arket med smör.

f) Sked fyllningen i mitten av degen, bred ut den för att bilda en rektangel och lämna en 2-tums kant. Vik en av degens korta ändar ca 1 tum över fyllningen. Vik en av de långa ändarna över cirka 1 tum av fyllningen och rulla försiktigt till en stock.

g) Placera strudeln, med sömmen nedåt, på den förberedda bakplåten och skär 1/4-tums djupa öppningar längst upp.
h) Grädda i ugnen i 25 till 30 minuter, eller tills de är gyllenbruna.
i) Ta ut ur ugnen och svalna på pannan. Skiva struten i 8 bitar med en tandad kniv.
j) Servera varm med den rostade röda paprika- och basilikasåsen vid sidan av.

77. Lever Strudel

INGREDIENSER:
SKORPA:
- 1 1/4 koppar siktat mjöl
- 1/2 tsk salt
- 1/3 kopp förkortning
- 3 matskedar vatten (ca)

FYLLNING:
- 2 lök, hackad
- 3 matskedar Fett
- 1/2 pund nötlever, skivad
- 4 hårdkokta ägg
- 1/2 tsk salt
- 1 ägg, vispat
- En skvätt salt

INSTRUKTIONER:
FÖR SKORPAN:
a) Sikta mjöl och salt tillsammans.
b) Skär i matfett tills blandningen är som grov sand.
c) Tillsätt vatten lite i taget tills allt är fuktat och bitarna håller ihop.

FÖR FYLLNING:
d) Fräs lök i fett tills den är ljusgul.
e) Tillsätt levern och fräs i 4 minuter på varje sida.
f) Lägg lök, lever och ägg genom en mathackare.
g) Blanda med resterande fett kvar i stekpannan och tillsätt salt och peppar.

HOPSÄTTNING:
h) Dela degen i tredjedelar och kavla mycket tunna till remsor, var och en som mäter 4 tum gånger 12 tum.
i) Lägg en bar med leverblandning i mitten av varje remsa.
j) Rulla hälften av degen över den; pensla med uppvispat ägg och täck med den andra sidan av degen.
k) Pensla överallt med uppvispat ägg och förslut ändarna.
l) Lägg på plåtar och grädda i 400°F ugn i 20 minuter.
m) Kyl något och skär i 1/2-tums skivor.

78.Köttstrudel

INGREDIENSER:

FÖR FYLLNING:
- 1 lb köttfärs eller en blandning av nötkött och fläsk
- 1 lök, finhackad
- 2 vitlöksklyftor, hackade
- 1 dl svamp, finhackad
- 1 dl spenat, hackad
- 1/4 kopp ströbröd
- 1/4 kopp nöt- eller grönsaksbuljong
- 1 tsk torkad timjan
- Salt och svartpeppar efter smak

FÖR STRUDELDEGEN:
- 2 koppar universalmjöl
- 1/2 kopp varmt vatten
- 1/4 kopp vegetabilisk olja
- Nypa salt

FÖR MONTERING:
- 1/2 kopp smält smör (för pensling)
- Sesamfrön eller vallmofrön (valfritt, för topping)

INSTRUKTIONER:

FÖR FYLLNING:
a) Bryn köttfärsen i en panna på medelvärme. Häll av överflödigt fett om det behövs.
b) Tillsätt hackad lök och vitlök i pannan. Fräs tills löken är genomskinlig.
c) Rör ner hackade svampar och koka tills de släpper fukten.
d) Tillsätt hackad spenat, ströbröd, nöt- eller grönsaksbuljong, torkad timjan, salt och svartpeppar. Koka tills blandningen är väl blandad och eventuell överflödig vätska har avdunstat. Ta bort från värmen och låt det svalna.

FÖR STRUDELDEGEN:
e) I en skål, kombinera mjöl och salt. Gör en brunn i mitten och tillsätt varmt vatten och vegetabilisk olja.
f) Blanda tills en deg bildas. Knåda degen på mjölat underlag tills den blir slät och elastisk.

g) Låt degen vila i ca 30 minuter, täckt med en fuktig trasa.

HOPSÄTTNING:

h) Värm ugnen till 375°F (190°C).
i) Kavla ut degen på mjölat underlag till en stor rektangel.
j) Lägg den kylda köttfyllningen längs rektangelns ena kant, lämna lite utrymme runt kanterna.
k) Rulla degen över fyllningen, stoppa in sidorna allt eftersom, för att bilda en stockform.
l) Lägg den rullade struten på en bakplåtspappersklädd plåt.
m) Pensla struten med smält smör. Strö eventuellt sesamfrön eller vallmofrön ovanpå.
n) Grädda i den förvärmda ugnen i 25-30 minuter eller tills struten är gyllenbrun och genomstekt.
o) Låt köttstrudeln svalna något innan den skärs upp.
p) Servera Meat Strudel varm och njut av den välsmakande fyllningen insvept i en flagnande, gyllene skorpa!

79. Aubergine-Tomat Strudel

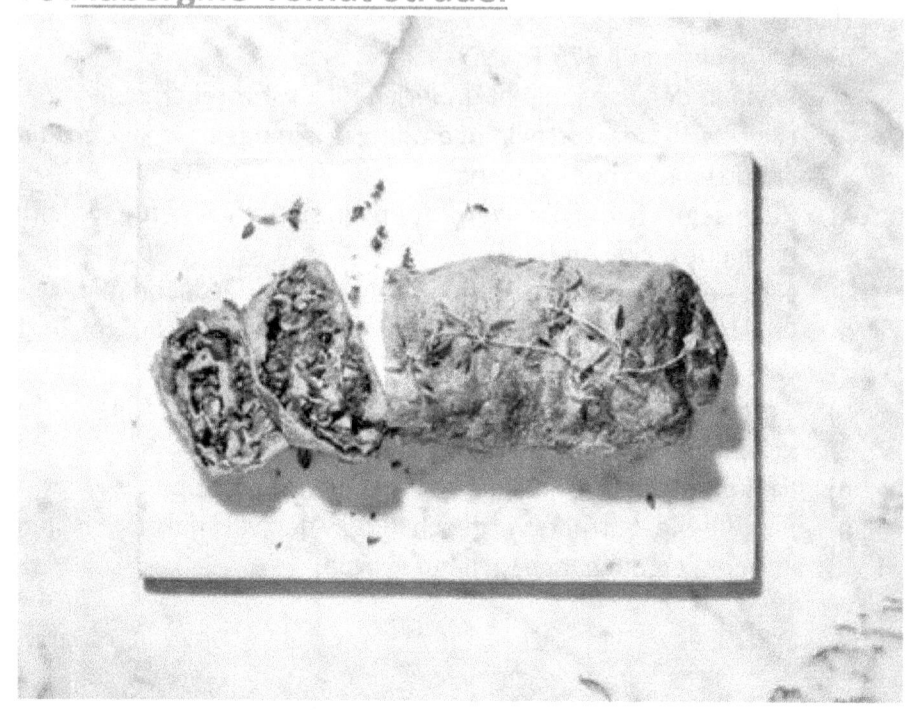

INGREDIENSER:
FÖR FYLLNING:
- 1 stor aubergine, tärnad
- 1 dl körsbärstomater, halverade
- 1 lök, finhackad
- 2 vitlöksklyftor, hackade
- 1 röd paprika, tärnad
- 1/2 dl smulad fetaost
- 1/4 kopp hackad färsk basilika
- 2 matskedar olivolja
- Salt och svartpeppar efter smak

FÖR STRUDELDEGEN:
- 2 koppar universalmjöl
- 1/2 kopp varmt vatten
- 1/4 kopp olivolja
- Nypa salt

FÖR MONTERING:
- 1/4 kopp smält smör (för pensling)
- Sesamfrön eller vallmofrön (valfritt, för topping)

INSTRUKTIONER:
FÖR FYLLNING:
a) Värm ugnen till 375°F (190°C).
b) Lägg tärnad aubergine på en plåt, ringla över olivolja och rosta i den förvärmda ugnen i cirka 15-20 minuter eller tills de är mjuka. Ta ut ur ugnen och låt den svalna.
c) Fräs hackad lök och vitlök i en panna i olivolja tills den mjuknat.
d) Tillsätt tärnad röd paprika i pannan och låt koka i några minuter tills de är lite mjuka.
e) Kombinera rostad aubergine, sauterad lökblandning, körsbärstomater, smulad fetaost och hackad basilika i en skål. Krydda med salt och svartpeppar. Blanda väl.

FÖR STRUDELDEGEN:
f) I en skål, kombinera mjöl och salt. Gör en brunn i mitten och tillsätt varmt vatten och olivolja.

g) Blanda tills en deg bildas. Knåda degen på mjölat underlag tills den blir slät och elastisk.
h) Låt degen vila i ca 30 minuter, täckt med en fuktig trasa.

HOPSÄTTNING:

i) Värm ugnen till 375°F (190°C).
j) Kavla ut degen på mjölat underlag till en stor rektangel.
k) Placera den förberedda fyllningen längs ena kanten av rektangeln, lämna lite utrymme runt kanterna.
l) Rulla degen över fyllningen, stoppa in sidorna allt eftersom, för att bilda en stockform.
m) Lägg den rullade struten på en bakplåtspappersklädd plåt.
n) Pensla struten med smält smör. Strö eventuellt sesamfrön eller vallmofrön ovanpå.
o) Grädda i den förvärmda ugnen i 25-30 minuter eller tills struten är gyllenbrun och genomstekt.
p) Låt Aubergine-Tomat Strudel svalna något innan du skär upp den.
q) Servera Aubergine-Tomat Strudel varm och njut av den härliga kombinationen av rostad aubergine, saftiga tomater och välsmakande fetaost insvept i en flagnande bakelse!

80. Zucchini Strudel med köttfärs

INGREDIENSER:
FÖR FYLLNING:
- 1 lb köttfärs eller en blandning av nötkött och fläsk
- 2 medelstora zucchini, rivna
- 1 lök, finhackad
- 2 vitlöksklyftor, hackade
- 1/2 kopp ströbröd
- 1/4 kopp mjölk
- 1 tsk torkad oregano
- Salt och svartpeppar efter smak
- Olivolja till stekning

FÖR STRUDELDEGEN:
- 2 koppar universalmjöl
- 1/2 kopp varmt vatten
- 1/4 kopp vegetabilisk olja
- Nypa salt

FÖR MONTERING:
- 1/4 kopp smält smör (för pensling)
- Sesamfrön eller vallmofrön (valfritt, för topping)

INSTRUKTIONER:
FÖR FYLLNING:
a) Värm ugnen till 375°F (190°C).
b) Fräs hackad lök och hackad vitlök i en panna i olivolja tills den mjuknat.
c) Tillsätt köttfärs i pannan och stek tills det får färg. Häll av överflödigt fett om det behövs.
d) I en skål, kombinera riven zucchini, ströbröd, mjölk, torkad oregano, salt och svartpeppar. Blanda väl.
e) Tillsätt zucchiniblandningen i pannan med det kokta köttet. Koka några minuter tills zucchinin är mjuk. Ta bort från värmen och låt det svalna.

FÖR STRUDELDEGEN:
f) I en skål, kombinera mjöl och salt. Gör en brunn i mitten och tillsätt varmt vatten och vegetabilisk olja.

g) Blanda tills en deg bildas. Knåda degen på mjölat underlag tills den blir slät och elastisk.
h) Låt degen vila i ca 30 minuter, täckt med en fuktig trasa.

HOPSÄTTNING:
i) Värm ugnen till 375°F (190°C).
j) Kavla ut degen på mjölat underlag till en stor rektangel.
k) Placera den kylda zucchinin och köttfyllningen längs ena kanten av rektangeln, lämna lite utrymme runt kanterna.
l) Rulla degen över fyllningen, stoppa in sidorna allt eftersom, för att bilda en stockform.
m) Lägg den rullade struten på en bakplåtspappersklädd plåt.
n) Pensla struten med smält smör. Strö eventuellt sesamfrön eller vallmofrön ovanpå.
o) Grädda i den förvärmda ugnen i 25-30 minuter eller tills struten är gyllenbrun och genomstekt.
p) Låt Zucchini Strudel med Köttfärs svalna något innan den skärs upp.
q) Servera Zucchini Strudel varm och njut av den smakrika kombinationen av zucchini, köttfärs och aromatiska örter insvept i en krispig, gyllene skorpa!

81.Nötkött och Broccoli Strudel

INGREDIENSER:
FÖR FYLLNING:
- 1 lb ytterfilé, tunt skivad
- 2 dl broccolibuktor, blancherade
- 1 lök, tunt skivad
- 2 vitlöksklyftor, hackade
- 1/4 kopp sojasås
- 2 msk ostronsås
- 1 msk hoisinsås
- 1 tsk sesamolja
- 1 matsked vegetabilisk olja
- Salt och svartpeppar efter smak

FÖR STRUDELDEGEN:
- 2 koppar universalmjöl
- 1/2 kopp varmt vatten
- 1/4 kopp vegetabilisk olja
- Nypa salt

FÖR MONTERING:
- 1/4 kopp smält smör (för pensling)
- Sesamfrön (valfritt, för topping)

INSTRUKTIONER:
FÖR FYLLNING:
a) Värm ugnen till 375°F (190°C).
b) Värm vegetabilisk olja på medelhög värme i en panna. Lägg i skivat nötkött och koka tills det får färg. Ta bort från pannan och ställ åt sidan.
c) I samma kastrull, tillsätt lite mer olja om det behövs. Fräs skivad lök och hackad vitlök tills den mjuknat.
d) Tillsätt blancherade broccolibuktor i pannan och fräs i ett par minuter.
e) Lägg tillbaka det kokta nötköttet i pannan. Tillsätt sojasås, ostronsås, hoisinsås, sesamolja, salt och svartpeppar. Koka tills blandningen är väl blandad och genomvärmd. Ta bort från värmen och låt det svalna.

FÖR STRUDELDEGEN:

f) I en skål, kombinera mjöl och salt. Gör en brunn i mitten och tillsätt varmt vatten och vegetabilisk olja.
g) Blanda tills en deg bildas. Knåda degen på mjölat underlag tills den blir slät och elastisk.
h) Låt degen vila i ca 30 minuter, täckt med en fuktig trasa.

HOPSÄTTNING:

i) Värm ugnen till 375°F (190°C).
j) Kavla ut degen på mjölat underlag till en stor rektangel.
k) Lägg den avsvalnade nötkötts- och broccolifyllningen längs ena kanten av rektangeln, lämna lite utrymme runt kanterna.
l) Rulla degen över fyllningen, stoppa in sidorna allt eftersom, för att bilda en stockform.
m) Lägg den rullade struten på en bakplåtspappersklädd plåt.
n) Pensla struten med smält smör. Strö eventuellt sesamfrön ovanpå.
o) Grädda i den förvärmda ugnen i 25-30 minuter eller tills struten är gyllenbrun och genomstekt.
p) Låt biff- och broccolistrudeln svalna något innan du skär upp den.

82.Korv- och svampstrudel

INGREDIENSER:
FÖR FYLLNING:
- 1 lb korv (italiensk, frukost eller ditt val), tarmar bort
- 2 dl svamp, finhackad
- 1 lök, finhackad
- 2 vitlöksklyftor, hackade
- 1/2 kopp ströbröd
- 1/4 kopp riven parmesanost
- 1 msk färska timjanblad
- Salt och svartpeppar efter smak
- Olivolja till stekning

FÖR STRUDELDEGEN:
- 2 koppar universalmjöl
- 1/2 kopp varmt vatten
- 1/4 kopp vegetabilisk olja
- Nypa salt

FÖR MONTERING:
- 1/4 kopp smält smör (för pensling)
- Sesamfrön eller vallmofrön (valfritt, för topping)

INSTRUKTIONER:
FÖR FYLLNING:
a) Värm ugnen till 375°F (190°C).
b) Värm olivolja på medelhög värme i en panna. Tillsätt hackad lök och hackad vitlök. Fräs tills det mjuknat.
c) Lägg till korven i pannan, bryt upp den med en sked och koka tills den fått färg. Häll av överflödigt fett om det behövs.
d) Tillsätt hackad svamp i pannan och koka tills de släpper fukten.
e) Rör ner ströbröd, riven parmesan, färsk timjan, salt och svartpeppar. Koka tills blandningen är väl blandad. Ta bort från värmen och låt det svalna.

FÖR STRUDELDEGEN:
f) I en skål, kombinera mjöl och salt. Gör en brunn i mitten och tillsätt varmt vatten och vegetabilisk olja.
g) Blanda tills en deg bildas. Knåda degen på mjölat underlag tills den blir slät och elastisk.

h) Låt degen vila i ca 30 minuter, täckt med en fuktig trasa.

HOPSÄTTNING:

i) Värm ugnen till 375°F (190°C).
j) Kavla ut degen på mjölat underlag till en stor rektangel.
k) Placera den avsvalnade korven och svampfyllningen längs ena kanten av rektangeln, lämna lite utrymme runt kanterna.
l) Rulla degen över fyllningen, stoppa in sidorna allt eftersom, för att bilda en stockform.
m) Lägg den rullade struten på en bakplåtspappersklädd plåt.
n) Pensla struten med smält smör. Strö eventuellt sesamfrön eller vallmofrön ovanpå.
o) Grädda i den förvärmda ugnen i 25-30 minuter eller tills struten är gyllenbrun och genomstekt.
p) Låt korv- och svampstrudeln svalna något innan du skär upp dem.

83. Svamp och Zucchini Strudel

INGREDIENSER:
FÖR FYLLNING:
- 2 dl svamp, tunt skivad
- 2 medelstora zucchini, rivna
- 1 lök, finhackad
- 2 vitlöksklyftor, hackade
- 1/2 kopp ricottaost
- 1/4 kopp riven parmesanost
- 2 msk färsk persilja, hackad
- 1 msk olivolja
- Salt och svartpeppar efter smak

FÖR STRUDELDEGEN:
- 2 koppar universalmjöl
- 1/2 kopp varmt vatten
- 1/4 kopp olivolja
- Nypa salt

FÖR MONTERING:
- 1/4 kopp smält smör (för pensling)
- Sesamfrön eller vallmofrön (valfritt, för topping)

INSTRUKTIONER:
FÖR FYLLNING:
a) Värm ugnen till 375°F (190°C).
b) Värm olivolja på medelhög värme i en panna. Tillsätt hackad lök och hackad vitlök. Fräs tills det mjuknat.
c) Lägg i skivade svampar i pannan och koka tills de släpper ut fukten.
d) Rör ner rivna zucchini och koka några minuter tills de är mjuka. Ta bort överflödig fukt vid behov.
e) I en skål, kombinera den sauterade svamp- och zucchiniblandningen med ricottaost, riven parmesan, hackad persilja, salt och svartpeppar. Blanda väl. Låt fyllningen svalna.

FÖR STRUDELDEGEN:
f) I en skål, kombinera mjöl och salt. Gör en brunn i mitten och tillsätt varmt vatten och olivolja.
g) Blanda tills en deg bildas. Knåda degen på mjölat underlag tills den blir slät och elastisk.

h) Låt degen vila i ca 30 minuter, täckt med en fuktig trasa.

HOPSÄTTNING:

i) Värm ugnen till 375°F (190°C).

j) Kavla ut degen på mjölat underlag till en stor rektangel.

k) Lägg den avsvalnade svamp- och zucchinifyllningen längs rektangelns ena kant, lämna lite utrymme runt kanterna.

l) Rulla degen över fyllningen, stoppa in sidorna allt eftersom, för att bilda en stockform.

m) Lägg den rullade struten på en bakplåtspappersklädd plåt.

n) Pensla struten med smält smör. Strö eventuellt sesamfrön eller vallmofrön ovanpå.

o) Grädda i den förvärmda ugnen i 25-30 minuter eller tills struten är gyllenbrun och genomstekt.

p) Låt svamp- och zucchinistrudeln svalna något innan du skär upp den.

84.Svampstrudel

INGREDIENSER:
- 2 schalottenlök, hackade
- ½ kopp vitt vin
- 8 uns crimini, skivad
- 8 uns shiitake, skivad
- 1 ½ dl tjock grädde
- ½ tsk timjan, färsk
- Salt och svartpeppar efter smak
- 1 ägg, uppvispat
- 12 4-tums smördegsrutor

INSTRUKTIONER:
a) Koka svamp och schalottenlök i vinet tills vinet dunstar bort. Tillsätt grädde, timjan samt salt och peppar.
b) Minska till hälften och låt svalna i ett par timmar eller tills krämen stelnat. Häll 1 rund tesked svampblandning i bakverk, vik ihop och pensla med äggtvätt.
c) Grädda i ugnen i cirka 8-12 minuter eller tills de är gyllenbruna. Hetta upp resten av svampblandningen och servera med strudel.

MER INHÅLLADE MATTER

85. Krustader av filé med ost och svampfyllning

INGREDIENSER:
FÖR CRUSTADES:
- 1 baguette, skivad i 1/2-tums rundor
- Olivolja för borstning
- Salt och svartpeppar efter smak

FÖR NÖTFÖRFARBETEN:
- 1 lb oxfilé, fint tärnad
- 2 matskedar olivolja
- 2 vitlöksklyftor, hackade
- 1 tsk torkad timjan
- Salt och svartpeppar efter smak

FÖR SVAMP- OCH GETOSTFYLLNING:
- 2 dl svamp, finhackad
- 2 matskedar smör
- 1 liten lök, finhackad
- 2 vitlöksklyftor, hackade
- 4 uns getost
- Salt och svartpeppar efter smak
- Färsk persilja, hackad (för garnering)

INSTRUKTIONER:
FÖR CRUSTADES:
a) Värm ugnen till 375°F (190°C).
b) Lägg baguetteskivorna på en plåt. Pensla varje skiva med olivolja och strö över salt och svartpeppar.
c) Grädda i den förvärmda ugnen i 8-10 minuter eller tills skivorna är gyllenbruna och krispiga. Avsätta.

FÖR NÖTKÖTFÄRDEN:
d) Värm olivolja på medelhög värme i en panna. Tillsätt hackad vitlök och fräs tills det doftar.
e) Lägg i den fint tärnade oxfilén i pannan. Krydda med torkad timjan, salt och svartpeppar.
f) Koka tills köttet är brynt på alla sidor. Ta bort från värmen och ställ åt sidan.

FÖR SVAMP- OCH GETOSTFYLLNING:

g) Smält smör på medelvärme i samma panna. Tillsätt hackad lök och fräs tills den mjuknat.
h) Tillsätt hackad svamp och hackad vitlök i pannan. Koka tills svampen släpper ut sin fukt.
i) Krydda med salt och svartpeppar. Rör ner getost och koka tills blandningen är väl blandad . Avlägsna från värme.

HOPSÄTTNING:
j) Häll en liten mängd av svamp- och getostfyllningen i varje croustad.
k) Toppa varje kroutad med en del av den sauterade oxfilén.
l) Garnera med hackad färsk persilja.

86.Whiskykorvrullar

INGREDIENSER:
- 1 lb frukostkorv
- 1/4 kopp whisky
- 1/4 kopp ströbröd
- 1/4 kopp hackad persilja
- 1 tsk vitlökspulver
- Salta och peppra efter smak
- 1 plåt smördeg, tinad

INSTRUKTIONER:
a) Värm ugnen till 400°F (200°C).
b) Kombinera frukostkorven, whiskyn, ströbröd, persilja, vitlökspulver, salt och peppar i en mixerskål.
c) Kavla ut smördegsarket på mjölat underlag och skär i 8 lika stora rektanglar.
d) Dela korvblandningen i 8 portioner och forma var och en till en korvform.
e) Lägg varje korv på en smördegsrektangel och rulla ihop, försegla kanterna.
f) Lägg korvrullarna på en plåt och grädda i 20-25 minuter, eller tills de är gyllenbruna och genomstekta.
g) Servera varm.

87. Mango och Korv Pinwheels

INGREDIENSER:

- 500 g korvfärs
- 36 blad babyspenat
- 185 g mango chili chutney
- 1 lök liten fint tärnad
- 1 tsk marockansk krydda valfritt
- 1 nypa salt och peppar
- 3 ark smördeg
- 1 msk mjölk

INSTRUKTIONER:

a) Blanda lök, mangochutney, korvfärs, salt, peppar och marockansk krydda i en medelstor skål.
b) Bred ut över bakelsearken, lämna en liten lucka längst ut.
c) Täck köttet med ett lager babyspenatblad.
d) Rulla degen från närmaste kant. Kör en bakverkspensel doppad i mjölk längs den bortre kanten för att försegla degen till en lång korvform.
e) Skiva i 12 skivor och lägg bitarna platt på en smord plåt.
f) Grädda i 180C i 12-15 minuter tills de är genomstekta.

88.Tonfisk smördeg Pinwheels

INGREDIENSER:
- 1 plåt smördeg
- 2 tsk extra virgin olivolja
- 1 medium brun/gul lök, fint tärnad
- 6,5 uns konserverad tonfisk i olja, väldränerad
- ⅓ kopp cheddarost, riven
- 3 msk plattbladig persilja, finhackad
- 1 tsk citronskal
- ¼ tesked cayennepeppar
- havssalt och nymalen svartpeppar

INSTRUKTIONER:
a) Värm din ugn till 200 grader C.
b) Förbered en bakplåt med bakplåtspapper.
c) Ta ut smördegen ur frysen och tina.
d) Sätt tillbaka degen i kylen när den är upptinad för att hålla den kall.
e) Hacka löken fint och fräs försiktigt i olivolja i cirka 8-10 minuter, eller tills den är lite karamelliserad . Ställ åt sidan för att svalna.
f) Töm burken med tonfisk och lägg i en medelstor skål. Mosa för att bryta upp eventuella stora bitar.
g) Tillsätt den kokta löken och resterande ingredienser till tonfisken och blanda väl för att kombinera.
h) Kontrollera att kryddningen faller i smaken, tillsätt mer salt, peppar eller citronskal om det behövs.
i) Toppa degen med din tonfiskblandning. Fördela blandningen jämnt, var noga med att lämna ett litet gap runt kanten på bakverket.
j) Använd baksidan av en sked eller gummispatel och tryck ner blandningen för att kompaktera den.
k) Börja sakta rulla bakelsen från den ände som är närmast dig. Fortsätt rulla framåt, någorlunda bestämt, håll det så tätt som möjligt, tills du har kommit till slutet av rullen.
l) Lägg tillbaka smördegen i kylen i cirka 15 minuter för att stelna.
m) Använd en tandad kniv, klipp ändarna och kassera.
n) Använd sedan samma kniv och skiva nålhjulet cirka 1,5 cm (½ ") tjockt.
o) Placera dina pinwheels på en bakplåt. Om lite blandning faller ut, tryck bara in den försiktigt.
p) Grädda i 15-20 minuter, eller tills de är gyllenbruna och degen är genomstekt.
q) Servera varm från ugnen eller låt svalna till rumstemperatur.

89.Små Grisar I En Hängmatta

INGREDIENSER:
- 1 paket (17,3 ounces) fryst smördeg, tinat
- 3 msk hallonsylt utan kärnor
- 1 msk dijonsenap
- 1 omgång (8 uns) camembertost
- 18 rökta minikorvar
- 1 stort ägg
- 1 matsked vatten

INSTRUKTIONER:

a) Värm ugnen till 425 ° F. Bred ut smördeg och skär 9 rutor av varje bakelse. Skär varje ruta diagonalt för att skapa två trianglar.

b) Kombinera senap och sylt i en liten skål, blanda väl. Fördela blandningen över trianglar. Skiva ost på mitten på tvären; skär sedan varje halva i nio klyftor.

c) Lägg en ostklyfta och en korv ovanpå varje bakverkstriangel. Dra bakverkskanterna över korven och osten och försegla genom att trycka ihop kanterna.

d) Lägg degen på en plåt klädd med bakplåtspapper. Vispa ihop vatten och ägg i en liten skål och pensla degen med äggsköljblandningen.

e) Grädda tills gyllenbrun, 15 till 17 minuter.

90.Smördegskorvrullar

INGREDIENSER:
- 1 plåt smördeg, tinad
- 4 korvlänkar, höljen borttagna
- 1 ägg, uppvispat

INSTRUKTIONER:
a) Värm ugnen till 400°F (200°C).
b) Kavla ut smördegen till ca 1/4 tums tjocklek på en lätt mjölad yta.
c) Dela korvköttet i 4 lika stora delar och forma varje portion till en stock.
d) Lägg varje korvstock på smördegen och rulla smördegen runt korvstocken, tryck ihop kanterna för att täta.
e) 5. Skär varje korvrulle i 4 lika stora bitar.
f) Lägg korvrullarna på en bakplåtspappersklädd plåt.
g) Pensla varje korvrulle med uppvispat ägg.
h) Grädda i 20-25 minuter tills den är gyllenbrun och korven är genomstekt.
i) Servera varm.

91. Örtad nötköttsgryta med smördeg

INGREDIENSER:
- 1 pund nötkött gryta, skuren i 1-tums kuber
- 1 msk rapsolja
- 3 medelstora morötter, skurna i 1-tums bitar
- 1 till 2 medelstora röda potatisar, skurna i 1-tums bitar
- 1 kopp skivad selleri (1/2-tums bitar)
- 1/2 kopp hackad lök
- 1 vitlöksklyfta, finhackad
- 2 burkar (10-1/2 uns vardera) kondenserad nötköttsbuljong, outspädd
- 1 burk (14-1/2 uns) tärnade tomater, odränerade
- 1 tsk vardera torkade persiljeflingor, timjan och mejram
- 1/4 tsk peppar
- 2 lagerblad
- 1 kopp skalad butternutsquash i tärningar
- 3 msk snabblagad tapioka
- 1 till 2 paket (17,3 uns vardera) fryst smördeg, tinat
- 1 äggula
- 1/4 kopp tung vispgrädde

INSTRUKTIONER:

a) Bryn nötkött i olja i en holländsk ugn; anstränga. Blanda i kryddor, tomater, buljong, vitlök, lök, selleri, potatis och morötter.

b) Koka den. Sänk värmen, låt sjuda under lock tills köttet är nästan mjukt, ca 1 timme. Ta bort lagerbladen. Blanda i tapioka och squash, koka upp igen. Koka i 5 minuter. Ta bort från värmen, låt svalna i 10 minuter.

c) Under tiden, på en yta lätt spridd med mjöl, rulla ut smördegen till 1/4-tums tjocklek. Med en 10-oz. ramekin som ett mönster, skär ut 6 konditorivaror, cirka 1 tum större än ramekinens diameter.

d) Fyll nötköttsblandningen i 6 smorda 10-oz. ramekins; lägg en bakelsecirkel ovanpå varje. Förslut degen till kanterna på ramekins, skär ett snitt i skårorna i varje bakverk. Om du vill, skär ut 30 remsor med bakverksrester.

e) Vrid remsorna, lägg på varje ramekin 5 remsor. Täta genom att nypa kanterna. Blanda grädde och äggula, pensla över topparna.

f) Lägg på en plåt. Grädda i 400° tills de blir gyllenbruna, ca 30-35 minuter. Låt stå i 5 minuter innan du äter.

92. Lammkorvrullar med harissayoghurt

INGREDIENSER:

- 2 msk extra virgin olivolja
- 1 vit lök, finhackad
- 3 vitlöksklyftor, krossade
- 1 msk finhackad rosmarin
- 1 tsk spiskummin, krossade, plus extra
- 500 g lammfärs
- 3 ark fryst smördeg, tinat
- 1 ägg, lätt uppvispat
- 250 g tjock yoghurt i grekisk stil
- 1/4 kopp (75 g) harissa eller tomatchutney
- Micro mynta att servera (valfritt)

INSTRUKTIONER:

a) Värm ugnen till 200C. Hetta upp olja i en stekpanna på medelvärme. Tillsätt lök och koka i 3-4 minuter tills den mjuknat. Tillsätt vitlök, rosmarin och spiskummin och koka 1-2 minuter tills det doftar. Ta av från värmen, kyl i 10 minuter och kombinera sedan med färs.

b) Dela blandningen mellan bakverk, lägg den längs ena kanten för att bilda en stock. Rulla för att omsluta, borsta de sista 3 cm av degen överlappning med äggtvätt. Förslut och putsa bakverk.

c) Lägg på en plåt klädd med bakplåtspapper, sy ihop med sidan nedåt och frys i 10 minuter. Detta kommer att göra dem lättare att skiva.

d) Skär varje rulle i 4 och låt stå på plåten. Pensla med äggtvätt och strö över extra spiskummin. Grädda i 30 minuter eller tills degen är gyllene och rullarna genomstekta.

e) Snurra harissa genom yoghurten och servera med korvrullarna, strödda med mynta.

93.Pottpaj i libanesisk stil

INGREDIENSER:

- 3 msk mosad vitlök
- 1/4 kopp smulad örtad fetaost
- 1 äggula
- 1 fryst smördegsplåt, tinad, halverad
- 2 dl hackad färsk spenat
- 2 benfria kycklingbrösthalvor utan skinn
- 2 msk basilikapesto
- 1/3 kopp hackade soltorkade tomater

INSTRUKTIONER : s

a) Sätt ugnen på 375 grader F innan du gör något annat.

b) Klä kycklingbröst med en blandning av mosad vitlök och äggula i en glasform innan du täcker över den med en plastfolie och kyler dessa kycklingbröst i minst fyra timmar.

c) Lägg ½ av spenaten i mitten av hälften av en bakelse och lägg sedan en bit kycklingbröst över innan du lägger till 1 matsked pesto, soltorkade tomater, fetaost och sedan resterande spenat.

d) Varva den med den andra hälften av degen.

e) Upprepa samma steg för de återstående bröstbitarna.

f) Lägg alla dessa på en ugnsform.

g) Grädda i den förvärmda ugnen i cirka 40 minuter eller tills kycklingen är mör.

h) Tjäna.

94.Grönsaksgrytapaj

INGREDIENSER:
- 1 ark smördeg
- 2 koppar blandade grönsaker, tinade
- 1 burk kondenserad grädde svampsoppa
- 1/2 kopp mjölk
- Salt och peppar

INSTRUKTIONER:
a) Värm ugnen till 400°F (200°C).
b) Blanda de blandade grönsakerna, kondenserad soppa, mjölk, salt och peppar i en skål.
c) Kavla ut smördegen på en lätt mjölad yta och lägg den i en ugnsform.
d) Häll grönsaksblandningen i degen och täck den med ytterligare ett bakverk, krympa kanterna för att täta.
e) Grädda i 30-35 minuter eller tills degen är gyllenbrun.

95. Spenat och Pesto öppen paj

INGREDIENSER:
- 2 (12 oz.) skinnfria, benfria laxfiléer
- kryddat salt efter smak
- 1/2 tsk vitlökspulver
- 1 tsk lökpulver
- 1 (17,25 oz.) paket fryst smördeg, tinat
- 1/3 kopp pesto
- 1 (6 oz.) paket spenatblad

INSTRUKTIONER : s

a) Sätt ugnen på 375 grader F innan du gör något annat.

b) Bestryk laxen med en blandning av salt, lökpulver och vitlökspulver innan du lägger den åt sidan.

c) Lägg nu ½ av din spenat mellan två separata smördegsark, lägg mer i mitten och lägg laxfilé över var och en i mitten innan du lägger pesto och resterande spenat.

d) Fukta upp kanterna med vatten och vik ihop det.

e) Grädda detta i den förvärmda ugnen i ca 25 minuter.

f) Kyl ner den.

g) Tjäna.

96. Burekas

INGREDIENSER:

- 1 lb / 500 g smördeg av bästa kvalitet
- 1 stort frigående ägg, uppvispat

RICOTTA-FYLLNING

- ¼ kopp / 60 g keso
- ¼ kopp / 60 g ricottaost
- ⅔ kopp / 90 smulad fetaost
- 2 tsk / 10 g osaltat smör, smält

PECORINO-FYLLNING

- 3½ msk / 50 g ricottaost
- ⅔ kopp / 70 g riven lagrad pecorinoost
- ⅓ kopp / 50 g riven lagrad cheddarost
- 1 purjolök, skuren i 2-tums/5 cm segment, blancherad tills den är mjuk och finhackad (¾ kopp / 80 g totalt)
- 1 msk hackad plattbladspersilja
- ½ tsk nymalen svartpeppar

FRÖN

- 1 tsk nigellafrön
- 1 tsk sesamfrön
- 1 tsk gula senapsfrön
- 1 tsk kumminfrön
- ½ tsk chiliflakes

INSTRUKTIONER:

a) Kavla ut degen till två 12-tums / 30 cm fyrkanter vardera ⅛ tum / 3 mm tjocka. Lägg bakplåtarna på en bakplåtspapperklädd plåt – de kan vila ovanpå varandra, med ett bakplåtspapper emellan – och låt stå i kylen i 1 timme.

b) Lägg varje uppsättning fyllningsingredienser i en separat skål. Blanda och ställ åt sidan. Blanda ihop alla frön i en skål och ställ åt sidan.

c) Skär varje bakelse ark i 4-tums / 10 cm rutor; du bör få 18 rutor totalt. Fördela den första fyllningen jämnt mellan hälften av rutorna, skeda den på mitten av varje ruta. Pensla två intilliggande kanter av varje ruta med ägg och vik sedan kvadraten på mitten för att bilda en triangel. Tryck ut eventuell luft och nyp ihop sidorna ordentligt. Man vill trycka till kanterna väldigt bra så att de inte öppnar sig under tillagningen. Upprepa med de återstående bakverksrutorna och den andra fyllningen. Lägg på en bakplåtspappersklädd plåt och ställ i kylen i minst 15 minuter för att stelna. Värm ugnen till 425°F / 220°C.

d) Pensla de två kortkanterna av varje bakverk med ägg och doppa dessa kanter i fröblandningen; en liten mängd frön, bara ⅛ tum / 2 mm breda, är allt som behövs, eftersom de är ganska dominerande. Pensla även toppen av varje bakverk med lite ägg, undvik fröna.

e) Se till att bakverken är åtskilda med cirka 3 cm mellanrum. Grädda i 15 till 17 minuter, tills de är gyllenbruna överallt. Servera varm eller i rumstemperatur. Om en del av fyllningen rinner ut ur bakverken under gräddningen är det bara att stoppa tillbaka det försiktigt när de är tillräckligt svala för att kunna hanteras.

97. Biffpaj

INGREDIENSER:
- 1 1/2 pund oxfilé, skuren i små bitar
- 1/4 kopp mjöl
- 1 tsk salt
- 1/2 tsk svartpeppar
- 3 matskedar smör
- 1 dl nötbuljong
- 1 kopp skivad svamp
- 1/2 kopp hackad lök
- 1/2 kopp hackad selleri
- 1/2 kopp hackade morötter
- 2 msk hackad färsk persilja
- 1/2 tsk torkad timjan
- 1/4 tsk torkad rosmarin
- 1 plåt smördeg
- 1 ägg, uppvispat

INSTRUKTIONER:
a) Värm ugnen till 400°F.
b) I en stor skål, blanda ihop mjöl, salt och svartpeppar. Tillsätt nötköttsbitarna och rör tills de är belagda med mjölblandningen.
c) Smält smöret i en stor stekpanna på medelhög värme. Tillsätt nötköttet och stek tills det fått färg på alla sidor.
d) Tillsätt köttbuljong, svamp, lök, selleri, morötter, persilja, timjan och rosmarin i stekpannan. Koka upp, sänk sedan värmen och låt puttra i 10-15 minuter, tills grönsakerna är mjuka och såsen har tjocknat.
e) Kavla ut smördegen på en lätt mjölad yta och använd den för att fodra en 9-tums pajform. Fyll pajen med köttblandningen.
f) Pensla kanterna på bakverket med det uppvispade ägget. Täck toppen av pajen med resterande bakverk, krympa kanterna för att täta.
g) Pensla toppen av degen med det återstående uppvispade ägget.
h) Grädda i den förvärmda ugnen i 30-35 minuter, tills degen är gyllenbrun.

98. Australia n Pie Floater

INGREDIENSER:
- 1 stor brun lök, finhackad
- 2 matskedar vegetabilisk olja
- 1 pund magert finhackat eller nötfärs
- 3/4 kopp nötkött eller grönsaksfond
- 1 msk majsstärkelse
- Nypa salt
- Nypa peppar
- 2 ark fryst pajbakelse
- 2 ark fryst smördeg
- 4 dl nötbuljong
- 2 teskedar bikarbonat läsk
- 1 pund torkade gröna ärtor, blötlagda över natten i tillräckligt med vatten för att täcka
- 1 tsk bakpulver

INSTRUKTIONER:

a) Kvällen innan, lägg ärtor i en djup panna, täck med vatten blandat med bakpulver och låt stå över natten. Låt rinna av när du är redo att laga mat.

b) Värm ugnen till 450°F.

c) Fräs löken i lite olja i en kastrull. Tillsätt nötköttet och bryn det.

d) Tillsätt fond, kryddor och majsstärkelse. Koka på medelvärme, rör hela tiden för att införliva majsstärkelsen tills en tjock sås bildas cirka fem minuter.

e) Smörj fyra 3 × 6-tums pajformar. Skär 3 × 7-tums cirklar från piecrustdeg för att fodra bottnen och sidorna på formarna. Fyll med nötkött och såsblandning. Borsta fälgar med vatten.

f) Skär 3 × 7-tums cirklar från smördeg. Lägg över köttet. Tryck för att försegla. Trim. Lägg pajerna på en het plåt.

g) Grädda i förvärmd i 20–25 minuter eller tills de är gyllene.

h) Medan pajerna gräddas gör du ärtsåsen.

i) Tvätta de återhydrerade ärtorna för att bli av med smuts och lägg dem i en kastrull med en tesked bakpulver och nötbuljongen.

j) Koka upp och koka tills ärtorna är väldigt mjuka.

k) Mosa eller puré ärtorna och buljongmixen till konsistensen av en tjock soppa.

l) Skeda ärtsåsen på serveringsfatet och lägg en varm paj ovanpå.

m) Gör fyra pajer.

99. Biff och lökpaj

INGREDIENSER:

- 2 matskedar olivolja
- 2 x 600g nötkött kinder, senor trimmade
- 1 stor lök, skuren i klyftor
- 2 vitlöksklyftor, krossade
- 125 ml rött vin
- 1 liter nötbuljong
- 2 kvistar rosmarin
- 1 x 320g förpackning (1 ark) butiksköpt smördeg
- 1 liten klick smör
- salt och nymalen svartpeppar
- 1 st selleri, fint tärnad, till garnering
- bladselleri, till garnering
- nasturtiumblad, till garnering

FÖR SÖTA TOMATERLISH

- 250 g mogna tomater
- ½ rödlök, fint tärnad
- 1 tsk olivolja
- 1 vitlöksklyfta, fint tärnad
- ¼ tesked torkade chiliflakes
- ½ tsk tomatpuré eller puré
- 1 msk farinsocker
- 1 msk rödvinsvinäger

FÖR DEN RÖKLIGA SYRADE LÖKEN

- 1 tsk olivolja
- 4 schalottenlök, halverade på längden
- 125 ml äppelcidervinäger
- 1 msk strösocker

INSTRUKTIONER:

a) Skär ett grunt kors i botten av varje tomat med en liten kniv för söt tomat. Lägg tomaterna i en stor skål, täck med kokande vatten och låt stå i 30 sekunder, överför sedan omedelbart tomaterna i en skål med isvatten. Skala tomaterna och ställ åt sidan. Skär de kylda tomaterna i fjärdedelar, ta bort och kassera de inre hinnorna och fröna och skär köttet i små bitar.

b) Medan tomaterna svalnar, ställ en medelstor kastrull på medelhög värme. Tillsätt löken och olivoljan och koka i 4–6 minuter tills de är mjuka men inte fått färg . Tillsätt vitlök och chiliflakes och koka ytterligare en minut. Tillsätt tomatpurén eller purén och rör om i 2 minuter, tillsätt sedan sockret och vinägern. Tillsätt tomaterna i kastrullen och rör om ordentligt. Koka upp och sänk sedan värmen till medel-låg. Koka i 8–10 minuter, rör om då och då, tills blandningen är tjock och klumpig. Krydda med salt och peppar och ställ åt sidan för att svalna något.
c) När den har svalnat, mixa blandningen med en stavmixer eller överför till en mixer och mixa till en slät pasta. Ta bort och ställ åt sidan tills den ska serveras.
d) För att göra den rökiga syrade löken, lägg olivoljan i en liten stekpanna på medelhög värme och krydda oljan med salt. Lägg löken med skuren sida nedåt i ett jämnt lager runt stekpannan.
e) Koka i 4–6 minuter, eller tills de är lätt förkolnade, sänk sedan värmen till låg och tillsätt vinäger och socker. Täck över och koka på låg värme i ytterligare 5 minuter, stäng sedan av värmen och låt löken svalna i vätskan. Ställ åt sidan tills den ska serveras.

100.Skinka och ostpuffar

INGREDIENSER:
- 1 plåt smördeg, tinad
- 1/2 kopp tärnad skinka
- 1/2 kopp strimlad cheddarost
- 1 ägg, uppvispat

INSTRUKTIONER:
a) Värm ugnen till 400°F (200°C).
b) Kavla ut smördegen till ca 1/4 tums tjocklek på en lätt mjölad yta.
c) Skär smördegen i 9 lika stora rutor.
d) Blanda ihop den tärnade skinkan och den rivna cheddarosten i en skål.
e) Skeda ca 1 msk av skink- och ostblandningen på varje smördegsruta.
f) Vik hörnen på smördegen upp och över fyllningen, tryck ihop kanterna för att täta.
g) Pensla varje smördeg med uppvispat ägg.
h) Grädda i 15-20 minuter tills de är gyllenbruna.
i) Servera varm.

SLUTSATS

När vi avslutar vår kulinariska odyssé genom "GOURMET KONSTEN I WELLINGTON OCH EN CROÛTE ," vi hoppas att du har upplevt glädjen att skapa och njuta av eleganta inkapslade rätter som överträffar det vanliga. Varje recept på dessa sidor är ett bevis på blandningen av kulinariskt konstnärskap och gastronomiskt nöje, där lager av flagnande bakverk innehåller läckra fyllningar. , skapa en symfoni av smaker.

Oavsett om du har njutit av den klassiska elegansen hos Beef Wellington, utforskat de innovativa vändningarna av vegetariska alternativ eller skapat dina egna unika varianter, litar vi på att dessa 100 recept har höjt din kulinariska repertoar. Bortom köket, må konsten att Wellington och En Croûte blir en inspirationskälla och förvandlar dina måltider till kulinariska skådespel som glädjer sinnena .

När du fortsätter att utforska gourmetmöjligheterna i ditt kök, kan andan av konstnärligt omslutande dröja kvar i dina kulinariska ansträngningar. Här är glädjen att skapa och njuta av eleganta rätter, där varje tugga är en hyllning till gourmetkonstnären som finns i "GOURMET KONSTEN I WELLINGTON OCH EN CROÛTE ." Skål för att lyfta din kulinariska upplevelse till nya höjder!

INGREDIENSER:
- 1 plåt smördeg, tinad
- 1/2 kopp tärnad skinka
- 1/2 kopp strimlad cheddarost
- 1 ägg, uppvispat

INSTRUKTIONER:
a) Värm ugnen till 400°F (200°C).
b) Kavla ut smördegen till ca 1/4 tums tjocklek på en lätt mjölad yta.
c) Skär smördegen i 9 lika stora rutor.
d) Blanda ihop den tärnade skinkan och den rivna cheddarosten i en skål.
e) Skeda ca 1 msk av skink- och ostblandningen på varje smördegsruta.
f) Vik hörnen på smördegen upp och över fyllningen, tryck ihop kanterna för att täta.
g) Pensla varje smördeg med uppvispat ägg.
h) Grädda i 15-20 minuter tills de är gyllenbruna.
i) Servera varm.

SLUTSATS

När vi avslutar vår kulinariska odyssé genom "GOURMET KONSTEN I WELLINGTON OCH EN CROÛTE ," vi hoppas att du har upplevt glädjen att skapa och njuta av eleganta inkapslade rätter som överträffar det vanliga. Varje recept på dessa sidor är ett bevis på blandningen av kulinariskt konstnärskap och gastronomiskt nöje, där lager av flagnande bakverk innehåller läckra fyllningar. , skapa en symfoni av smaker.

Oavsett om du har njutit av den klassiska elegansen hos Beef Wellington, utforskat de innovativa vändningarna av vegetariska alternativ eller skapat dina egna unika varianter, litar vi på att dessa 100 recept har höjt din kulinariska repertoar. Bortom köket, må konsten att Wellington och En Croûte blir en inspirationskälla och förvandlar dina måltider till kulinariska skådespel som glädjer sinnena .

När du fortsätter att utforska gourmetmöjligheterna i ditt kök, kan andan av konstnärligt omslutande dröja kvar i dina kulinariska ansträngningar. Här är glädjen att skapa och njuta av eleganta rätter, där varje tugga är en hyllning till gourmetkonstnären som finns i "GOURMET KONSTEN I WELLINGTON OCH EN CROÛTE ." Skål för att lyfta din kulinariska upplevelse till nya höjder!

www.ingramcontent.com/pod-product-compliance
Lightning Source LLC
Chambersburg PA
CBHW071315110526
44591CB00010B/897

81. Nötkött och Broccoli Strudel 194
82. Korv- och svampstrudel 197
83. Svamp och Zucchini Strudel 200
84. Svampstrudel 203

MER INHÅLLADE MATTER 205
85. Krustader av filé med ost och svampfyllning 206
86. Whiskykorvrullar 209
87. Mango och Korv Pinwheels 211
88. Tonfisk smördeg Pinwheels 213
89. Små Grisar I En Hängmatta 216
90. Smördegskorvrullar 218
91. Örtad nötköttsgryta med smördeg 220
92. Lammkorvrullar med harissayoghurt 223
93. Pottpaj i libanesisk stil 225
94. Grönsaksgrytapaj 227
95. Spenat och Pesto öppen paj 229
96. Burekas 231
97. Biffpaj 234
98. Australia n Pie Floater 236
99. Biff och lökpaj 239
100. Skinka och ostpuffar 242

SLUTSATS 244

INTRODUKTION

Ge dig ut på en kulinarisk resa som kombinerar konstnärskap och gastronomi med "GOURMET KONSTEN I WELLINGTON OCH EN CROÛTE ." Denna kokbok inbjuder dig att utforska riket av eleganta inkapslade rätter, där smaker är inkapslade i lager av utsökta bakverk, vilket skapar kulinariska mästerverk som överträffar det vanliga. Med 100 noggrant utvalda recept är denna samling en hyllning till det tidlösa och sofistikerade konst av Wellington och En Croûte .

Föreställ dig en matupplevelse där varje maträtt är ett visuellt spektakel, en symfoni av texturer och en skur av smaker som fängslar gommen. "GOURMET KONSTEN I WELLINGTON OCH EN CROÛTE " är din guide till att skapa dessa kulinariska underverk, oavsett om du är värd för en överdådig middagsbjudning, syftar till att imponera på gästerna, eller helt enkelt njuter av nöjet att göra förhöjda rätter hemma.

Från klassiska Beef Wellington till uppfinningsrika vegetariska alternativ, den här kokboken utforskar mångsidigheten hos inkapslade rätter, och erbjuder en mängd olika recept som passar alla smaker och tillfällen. Oavsett om du är en erfaren kock eller en hemmakock som är ivrig efter att höja dina kulinariska färdigheter, är dessa recept utformade för att avmystifiera konsten att omsluta och ge gourmetelegans till ditt bord.

Följ med oss när vi löser upp lagren av flagnande bakverk, avslöjar de saftiga fyllningarna och fördjupar oss i en värld av kulinarisk förfining. "GOURMET KONSTEN I WELLINGTON OCH EN CROÛTE " är inte bara en kokbok, det är en inbjudan att förvandla ditt kök till en duk för gourmetkonstnärer. Så, ta på dig ditt förkläde, slipa dina knivar och låt det kulinariska mästerverket utvecklas.